POÉSIES DIVERSES

RECUEIL

DES

POÉSIES DIVERSES

DE

F. VILLEMSENS,

MEMBRE DE LA SOCIÉTÉ LIBRE DES BEAUX-ARTS.

PARIS

IMPRIMERIE DE A. PARENT

31, RUE MONSIEUR-LE-PRINCE, 31

—

1873

NOTICE BIOGRAPHIQUE.

Bien que ce recueil de poésies ne soit pas destiné à franchir le cercle des parents et des amis de l'auteur, j'ai pensé qu'il n'était pas inutile d'y ajouter une courte notice biographique.

M. Jean-François Villemsens naquit à Paris, le 19 juillet 1796. Il montra de bonne heure un goût prononcé pour la poésie; mais son père, qui le destinait au commerce, ne favorisa nullement cette disposition. Jeune homme, il voyagea pendant plusieurs années en Angleterre et se fixa même quelque temps en Irlande. Il rapporta de ce voyage une prédilection toute particulière pour les mœurs et les institutions anglaises, prédilection qu'il garda toute sa vie, bien que l'on puisse croire le contraire en lisant la petite boutade intitulée *Cadet Buteux à Londres*.

De retour en France, il embrassa la carrière commerciale et choisit la fabrication des bronzes, industrie qui touchant de très-près à l'art, satisfaisait en partie ses goûts et ses aptitudes élevés. Esprit sérieux et travailleur infatigable il apporta dans ses nouvelles occupations l'ardeur et la persévérance qu'il mettait en toutes choses; aussi la maison qu'il avait fondée prit-elle bientôt une certaine extension. Il exécuta plusieurs travaux importants pour différentes églises de Paris, entre autres pour Sainte-Élisabeth et la chapelle des Invalides. Au milieu de ces incessantes occupations, le culte des Muses fut très-négligé ; car il connaissait et mettait en pratique le précepte latin, *age quod agis*, et ce n'est que dans les courts instants que lui laissaient ses affaires, qu'il put se livrer à son délassement favori ; aussi ne fit-il alors que quelques poésies légères parmi lesquelles cependant plus d'une offre de réelles beautés ; les unes se font remarquer par de fines critiques ou par les sentiments élevés qu'elles expriment, d'autres joignent à l'harmonie des vers la délicatesse des pensées ; telles sont les stances intitulées *L'Enfant de la Providence*.

Le soin de ses affaires lui fit entreprendre plusieurs voyages en Angleterre et en Italie qu'il sut encore utiliser dans l'intérêt public. Il avait en effet accepté du ministre du commerce une mission qui nécessita de longues et laborieuses recherches ; il en consigna les résultats dans un mémoire qui fut très-apprécié, et dont la valeur était rehaussée par le désintéressement de l'auteur.

Déjà avancé en âge, et maître d'une fortune laborieusement et honorablement acquise, il se décida à quitter le commerce ; mais il voulut, en se retirant, laisser un souvenir qui fût en même temps une œuvre utile : aussi donna-t-il à la Société des fabricants de bronze une somme de

10,000 francs, pour fonder un prix annuel de 500 francs, destiné à récompenser l'ouvrier ciseleur le plus habile. C'est vers le même temps qu'il fit partie de la Société libre des Beaux-Arts, dont il devint bientôt un des membres les plus assidus. Il fut souvent délégué par ses collègues pour assister aux différents congrès artistiques et littéraires qui eurent lieu dans plusieurs villes de France et de l'étranger, et plus tard il fut nommé vice-président de cette société.

C'est aussi à partir de ce moment qu'il put enfin, libre de tout souci, se livrer plus particulièrement à ses goûts littéraires, et, bien qu'il fût âgé de plus de soixante ans, c'est de cette époque que datent ses plus jolies poésies : *Les Nourrices sur lieux*, *l'Épître à la Vérité*, *les Artistes italiens au moyen âge*, *l'Épître à quelques Antiquaires* et surtout *les Sœurs de Charité*. Cette dernière épître, lue dans une des réunions publiques de la Société à l'Hôtel-de-Ville, salle Saint-Jean, obtint un grand et légitime succès.

A part cette épître et deux ou trois autres poésies où le sentiment domine, son genre de prédilection était le genre satirique, et ses poètes favoris Molière et Boileau; il aimait ce dernier pour cette versification si sévère et si pure dont il sut donner en même temps les règles et l'exemple. Dans Molière, non-seulement il admirait les chefs-d'œuvre, mais il n'était pas jusqu'aux saillies les plus risquées de l'immortel comique qui ne provoquassent chez lui des accès d'expansive gaîté qui contrastaient avec son sérieux habituel.

Sa grande activité et sa forte constitution ne lui permettaient pas de s'occuper exclusivement de travaux littéraires, aussi avait-il entrepris dans ses dernières années la reproduction en bronze d'une des portes magnifiques du célèbre baptistère de Florence. Dans un de ses voyages en Italie, il avait fait prendre, à grands frais, un moulage de celle d'Andrea Pisano, mais cette porte ayant de très-grandes proportions, il en fit une réduction, ce qui augmenta de beaucoup le travail. Elle fut néanmoins terminée pour la grande exposition de 1867, où elle figura et obtint une médaille d'argent; de l'avis des hommes compétents, elle était irréprochable; mais n'étant qu'une reproduction et non une œuvre originale, elle ne pouvait prétendre à une récompense plus élevée.

En même temps qu'il s'occupait de ce travail, M. Villemsens commençait à revoir et à corriger ses quelques productions littéraires, lorsqu'une paralysie partielle, affectant surtout le cerveau, vint tout à coup l'arrêter et attrister la fin de son existence, malgré les soins dévoués de l'excellente compagne de sa vie. Pendant trois longues années, lui pour qui le travail était devenu une impérieuse nécessité et comme l'aliment de son esprit infatigable, il dut assister dans une inaction presque complète à l'affaiblissement progressif de ses facultés peu communes et à sa lente agonie. Ce fut là une terrible épreuve que pouvaient seuls adoucir les sentiments religieux qu'il avait toujours professés, et dont on retrouve l'expression dans plus d'une page de ses écrits.

Il mourut en 1869. Un de ses plus anciens amis, M. Dufriche-Desgenettes, voulut bien alors se charger de mettre en ordre les poésies qui composent ce volume, et nous profitons de cette occasion pour lui en témoigner toute notre gratitude; mais ses occupations personnelles l'ayant empêché de continuer ce travail, j'ai dû me charger de le terminer. Si je n'ai pas réussi à m'en acquitter aussi bien que je l'aurais désiré, du moins j'y ai fait tous mes efforts, et la tâche m'a été facile et agréable, puisqu'elle était entreprise pour celui qui m'avait toujours témoigné la plus grande affection.

S'il m'est permis maintenant de porter un jugement sur les poésies qu'on va lire, je dirai que bien qu'on puisse leur reprocher quelques inégalités et quelques passages prosaïques que leur auteur eût probablement fait disparaître, s'il eût pu s'occuper lui-même de les mettre au net, on ne peut cependant s'empêcher de remarquer avec quelle facilité et quelle souplesse d'esprit l'auteur sait traiter les genres les plus opposés et les sujets les plus variés,

Passant du grave au doux, du plaisant au sévère.

Tantôt c'est la chanson pleine de finesse et de gaîté, comme *les Déguisements, On chante à tout âge;* puis des stances satiriques où brillent l'esprit et le bon sens, comme *Égérie, les Rêves*; de joyeuses boutades : *l'Olympe endolori, les Trains de plaisir*; ou bien encore quelques apologues comme *la Vigne* et *les Deux points de vue*. Ailleurs, il fronde avec raison dans de spirituelles satires, comme *les Nourrices sur lieux* et *les Précepteurs ecclésiastiques*, quelques travers de notre époque; puis viennent quelques épîtres : *l'Épitre à la Vérité, les Artistes italiens au moyen âge, l'Épitre à quelques antiquaires*; ces deux dernières attestent son goût éclairé et son éclectisme en matière artistique ; enfin, d'autres poésies, comme *les Sœurs de Charité* et *l'Enfant de la Providence* montrent, par les sentiments délicats qu'elles expriment, qu'il pouvait également aborder tous les genres. On ne peut nier non plus qu'il ne reste fidèle observateur des règles de la poésie, assez dédaignées aujourd'hui, et que, dans plus d'une page, ses vers ne réunissent la beauté du style et l'élévation des pensées.

Et maintenant, si l'on remarque que ses plus jolies productions sont le fruit de sa vieillesse, époque à laquelle on voit ordinairement s'affaiblir chez les hommes les mieux doués cette brillante faculté qu'on nomme l'imagination, on est fondé à croire que s'il eût pu se livrer plus jeune à son goût favori et y concentrer toutes les ressources de son esprit, il eût marqué brillamment sa place dans la carrière littéraire.

A. COCHIN.

ÉPITRES ET SATIRES

NOTE DE L'AUTEUR.

Cette esquisse était destinée, comme les suivantes, à rester dans l'ombre d'un carton, et elle y serait encore ensevelie, si aux éloges d'amis trop indulgents sans doute n'était venue se joindre la bien flatteuse approbation d'un de nos plus éminents littérateurs.

Cette apostille, précieusement conservée, a un double prix pour l'auteur de la bluette qu'on va lire, puisqu'au besoin elle peut aussi lui servir d'excuse, en livrant ses vers à l'impression.

F. Villemsens.

LES NOURRICES SUR LIEUX.

I

SERMON DANS LE DÉSERT.

Je vais attaquer, je le sens,
Une fibre bien délicate :
Elle touche au cœur des mamans,
Et ma thèse est assez ingrate...
Car l'abus que je veux fronder
Vous sourit trop, ô jeunes mères :
C'est souvent grâce à lui que vous pouvez garder
Près de vous ces enfants, vos amours les plus chères...

— Devoirs de la maternité,
Nul plus que moi ne vous honore ;

Mais il en est un autre encore :
C'est de dire la vérité.

. . . . .

Heureuse est l'épouse féconde !
Combien son bonheur est complet,
Quand elle nourrit de son lait
L'être cher qu'elle a mis au monde :
Du parfait idéal c'est la réalité ;
On sait que du chrétien la morale divine
Parmi les trois vertus, base de sa doctrine,
Nous peint la douce charité
Sous les traits d'un enfant par sa mère allaité.
C'est aussi la loi de nature :
Le sexe intéressant à qui ce lot échut,
Acquitte avec orgueil ce généreux tribut :
Douter de cet élan serait lui faire injure,
Et qui ne nourrit pas n'est mère qu'à demi...

Hélas ! il est pourtant de dures impuissances,
Ou d'un rang élevé certaines convenances,

Et plus d'un noble cœur tout bas en a gémi;
Enfin, de nos cités, l'air, les sollicitudes,
    Les affaires, les habitudes,
    Et parfois les plaisirs aussi
    Rendent la tâche difficile,
    Même impossible bien souvent...
    Faut-il, dans un champêtre asile,
    S'exiler avec dévouement,
    Sacrifiant en un moment
Tout ce qui peut attacher à la ville?
Qui le voudrait ne le peut pas toujours
    Pour le doux objet que l'on aime,
    Et guidé par cet amour même,
Aux soins d'une autre il faut avoir recours...
Consolez-vous, quand ce malheur vous frappe,
    Jeunes mères, si, de vos bras,
    Ce trésor, malgré vous, s'échappe,
Vous le prêtez, vous ne le donnez pas :
    Acceptez donc ce sacrifice.

Mais, de nos jours, tout va de mieux en mieux :
    Quand il faut prendre une nourrice,
    C'est une nourrice *sur lieux*...
Chacun en veut : ces nouvelles recrues
    Qui se prélassent carrément,
    Formeront bientôt dans nos rues
    Un formidable encombrement :
    Dans nos jardins, sur nos terrasses,
    Partout, sur les quais, sur les places,
    Et, quand il pleut, sous leurs piliers,
    On les rencontre par milliers...
    C'est un besoin, c'est une mode,
    Et partant chacun s'y soumet...
    Nous trouvons que c'est, en effet,
    Plus agréable et plus commode :
    Exempt des plus pénibles soins,
On peut voir son enfant, le surveiller sans cesse,
En évitant ses cris, goûter sa gentillesse :
C'est l'agrément en plus et la fatigue en moins...
    Un père, un citadin, sans doute,

Dira que cet usage a bien son bon côté;
Mais si nous le jugeons sans partialité,
Au ménage d'autrui voyons ce qu'il en coûte.

    Ces femmes que l'appât du gain
    De leurs devoirs rend oublieuses,
    Quittent quelque hameau lointain,
    Simples, sobres, laborieuses.
Bientôt, luxe, mollesse et succulents repas
    Ont remplacé les mœurs rustiques;
On les choie, on les sert, tout sourit sur leurs pas:
Aussi, prenant des airs d'importance comiques,
Son fardeau précieux étalé sur ses bras,
    Sous des dentelles magnifiques,
    Plus d'une fait penser tout bas
    A l'âne portant des reliques.

  Or, aisément on oublie, à Paris,
    La simplicité du village;
Puis, tout semble bien dur, de retour au pays!...
  Qui cependant prend soin de leur ménage,
    Et que deviennent leurs maris,

Dans ces veuvages regrettables?
L'ennui les prend, leur courage se perd,
Ils vont s'asseoir à d'autres tables
Que celle du foyer désert...
Et leurs enfants?... en l'absence du père,
Abandonnés et malheureux,
Hélas! ils n'auront plus de mère,
Pour que les vôtres en aient deux...
Répondez, ô pieuses dames!
Vous qui venant en aide à tant de pauvres femmes,
Anges de bon conseil, dans leurs tristes logis,
Allez préconiser l'œuvre de saint Régis...
Cependant, c'est chez vous, c'est dans votre famille,
(Étrange anomalie! et pour vous j'en rougis,)
Qu'on préfère souvent pour nourrice... une fille.
Ce moyen met un terme à bien des embarras,
Et c'est prendre un parti plus sûr, sinon plus sage,
Pour ne voir négliger ni mari, ni ménage,
Que de choisir celles qui n'en ont pas...
Ah! cette coutume est fatale;

Cette égoïste nouveauté
Est une injure à la morale,
Une offense à l'humanité.

La campagne d'ailleurs n'est que trop délaissée...
Oui, trop de braves gens désertent leur clocher,
Pour grossir dans la ville une foule entassée ;
Et contre cet abus, qu'il faudrait empêcher,
Loin de les prémunir, vous allez les chercher !
Mais chaque jour le mal augmente
Et réclame un remède urgent.
Je l'ai trouvé ! Dans ce siècle d'argent,
Où tout est bon qui produit rente,
Chaque nourrice, en s'engageant,
Devrait d'abord payer patente.

II

LE RETOUR AU VILLAGE.

Un soir d'hiver, revenant de Dijon,
Je m'arrêtais dans un village,

Chez un honnête vigneron,
Pour régler un petit fermage.
La nuit tombait, j'allais sortir,
Quand nous entendons sur la porte
Deux grands coups de poing retentir ;
Puis une voix claire, mais forte,
Crie : « Avez-vous vu mon mari ? »
— Ah! c'est vous, belle Madeleine,
De retour chez vous, Dieu merci !...
Allez, ne soyez point en peine,
Jean-Pierre n'est pas loin d'ici,
Répond, mon hôte, on va l'aller surprendre
A l'un des prochains cabarets...
Entrez vous chauffer et l'attendre.
Le mari vint bientôt après :
J'assistai donc à l'entrevue
Qui me semble utile à noter,
Et je l'ai si bien retenue
Que, mot pour mot, je puis la raconter.
« Te v'là donc, » dit la jeune femme,

« C'est chez l' voisin qu'il faut nous r'voir;
Car chez nous t'as ni feu ni flamme.
— Ah! je n' t'attendais pas ce soir :
J' vins d'abord au logis... et dame!
Tout seul, sans feu, comm' not' réchaud
S'était cassé... j' n'avais pas chaud.
— Oui-da! et comment va la p'tite?
— La p'tite... Ah! oui... j' n'y pensais plus :
Ell' va pas mal... Eh bien! au gîte,
Femm', nous rapport'-tu que'qu's écus?
— Sûr'ment! — Tant mieux, arriv' donc vite;
J'ai de p'tit' dett' par-ci par-là.
— Des dett', Jean-Pierr'?... Nous verrons ça;
Mais comment va tout dans l' ménage
Et la bass' cour? — Cahin caha...
Parle donc un peu de c' voyage :
T'es-tu bien donné du bon temps?...
Et, bien servie et bien logée,
T'es-tu joliment gobergée?
— Ah! c' n'était pas tout agréments:

Ces bourgeois d' Paris sont si drôles...
Que'qu'fois j'en haussais les épaules...
Tiens, par exemple, en arrivant,
J'entre dans une espèc' de cage
D'où l'escalier, tout en tournant,
M' conduit au quatrième étage,
Et j' m'arrête enfin tout en nage :
C'est là qu'était mon nourrisson.
On m'apporte alors le poupon :
[Ah! la bell' petit' créature!]
On l'avait si bien habillé,
D' chiffons si bien entortillé,
Qu'on n' lui voyait pas la figure :
C'est d' la mouss'lin', c'est du ruban,
Un' gross' cravat' pour quand il bave,
Et l' bonnet en form' de turban,
Comm' mon grand cousin le zouave...
Bref, on m' met l' marmot dans les bras...
Mais quand je m' lèv' pour changer d' place,
Je n'os' pas seul'ment faire un pas

L' plancher est glissant comm' la glace...
Ces gens-là s' donn' bien d' l'embarras,
Pour y mettr' un' sort' de verglas :
Quoiqu'on m'ait fait changer d' chaussure,
Sur mes pieds j' n'étais pas bien sûre
En traversant l'appartement.
Ah dam'! faut l' dir' pour être franche,
Les meubl' c'est comme un enchant'ment.
Qu' c'est beau? tout est doré sur tranche,
Les cadr', les chandeliers à branche ;
Puis, d' grands fauteuils où j' crus bonn'ment
Qu' chacun met sécher sa ch'mis' blanche.
[J'ai su plus tard qu' c' n'était pas ça :
On m'a dit qu' ça s'app'lait des housses...]
Quand on s'assoit sur ces chais'-là,
On enfonc' comm' dans un tas d' mousses.
Enfin, tout au bout d' la cloison,
On m'install' dans mon p'tit ménage...
C'était bien noir comme un' prison,
On n' voyait ni ciel ni nuage :

J' n'avais d'vant moi qu'un' grand' maison.
J' voulais tout du moins m'y r'connaître
Et tâcher d' sentir un peu d' vent;
On m' dit : « N' faut pas ouvrir la f'nêtre,
Ça pourrait enrhumer l'enfant. »
— Ah! mon pauvr' Jean-Pierr', quels supplices!
Comm' ces bourgeois sont ennuyeux,
Et quand on est nourric' sur lieux,
Comm' faut endurer leurs caprices!
Ils nous lâch' toujours quéqu' paquet,
On ose à peine ouvrir la bouche,
Ils diraient qu'on a trop d' caquet;
Faut pas qu'on crach', faut pas qu'on s' mouche,
Ils diraient qu' ça salit l' parquet...
A tabl', c'est bien une autre antienne :
Ils nomm' la chose... attends... d' l'hygiène...
Faut qu'on vous choisiss' les ragoûts,
Et du plus loin que j' m'en souvienne,
J' n'ai pas pu manger d' soupe aux choux.
Un' fois, je d'mandais quelqu' cuill'rées

D'un' bell' salad' qu'était là d'vant :
« Oh! non, nourric', pas d' chicorées,
Ça donn' la coliqu' à l'enfant!... »
Et moi qu'arrivais d' la Bourgogne,
Ils m' dis' que, par ordr' du méd'cin,
Fallait mettr' de l'eau dans mon vin...
Tout comm' si l' marchand sans vergogne
Lui-mêm' ne s' chargeait pas d' la b'sogne...
Pour fair' téter mon innocent,
On veut qu' je m' garantiss' du hâle ;
Il faut que j' m'env'lopp' d'un grand châle :
Madam' prétend qu' c'est plus décent...
Et r'garde un peu quelle injustice :
Mon cousin qu'est en garnison,
V'nait m' voir les soirs après l' service :
Un beau jour, sans rim' ni raison,
M'sieur qui l' rencontr', me dit : « Nourrice,
Faut pas d' cousins dans la maison. »
— Ah! pour ce qu'est d' ça, sur mon âme,
Répond Jean-Pierre, j' n'ai pas d' blâme

Car ton beau zouave, entre nous,
N'est qu'un vaurien, vois-tu, not' femme;
Et capabl' de quéqu' mauvais coups.
— Fi, dit l'autre, vilain jaloux,
V'là qu' tu commenc' à fair' la mine...
Mais à propos, pour ta cuisine,
Comment f'sais-tu donc sans réchaud?
— Dam', dit le mari tout penaud,
Dam', j' m'en passais. — Pas si négaud,
Fait la femme, va! dis plutôt
Qu' t'empruntais celui d' la voisine,
Ta p'tit' parent' qu'a d' si beaux yeux.
Tiens! ces emprunts-là, ça m' taquine;
Jean-Pierr', plus d' cousin ni d' cousine;
N' nous quittons plus, ça vaudra mieux...
Au diabl' la vill', ses beaux messieurs...
Et l' métier de nourric' sur lieux!

EPITRE

A QUELQUES ANTIQUAIRES

« Chaque âge a ses plaisirs, son esprit et ses mœurs, »
    A dit Boileau, dans son art poétique.
Or, sans se ressembler, si les muses sont sœurs,
Nous pouvons, aux Beaux-Arts, accordant la réplique,
Ajouter, en sachant prendre leurs bons côtés,
    Que chaque siècle a ses beautés.

Pourquoi donc irions-nous, prônant chacun le nôtre,
Admirer tout dans l'un et tout blâmer dans l'autre ?
Et pourquoi, vous surtout, prosélytes nouveaux
D'un genre que naguère on traitait de barbare,
Par un excès contraire où la raison s'égare,
Ne rêver maintenant qu'ogives et meneaux ?
Reniant tout à coup l'Italie et la France,

Palladio, Bramante et Perrault et Mansard,

Vous traitez, sans merci, de triste *décadence*

Cette belle époque de l'art,

Que jusqu'ici nous nommions : *Renaissance*.

L'architecture grecque avec son Parthénon,

Et les chefs-d'œuvre d'art d'antique statuaire

Sont proscrits... — Tel savant dont je tairai le nom,

Sourit avec mépris devant le Panthéon...

Abdiquez donc enfin ce titre d'*antiquaires*,

Puisqu'Athènes et Rome offusquent tant vos yeux,

Et sont du paganisme un débris odieux :

Créez un nouveau terme et soyez... *gothiquaires*.

Chez vous, sans doute, on peut compter

Des hommes de talent, de réelle science,

Nul ne saurait le contester :

De fort bon cœur je les encense ;

Mais, ces grands chefs d'école, on veut les imiter,

Et parmi les nombreux émules

Qu'aveugle un zèle trop ardent,

Beaucoup passent le but : leur étrange engouement
Devient monomanie et les rend... ridicules.

C'est à ceux-là que je m'adresse et dis :
Quand vos maîtres vengeaient d'un injuste mépris
    Nos monuments du moyen âge,
  Quand récemment, à nos regards surpris,
    Ils en ont su régénérer l'image,
Signalant, à travers les injures du temps,
De sublimes beautés l'ineffaçable trace,
J'admirai, des premiers, ces portails de géants,
Ces légers clochetons, cette riche rosace ;
Des premiers, j'ai suivi, d'un regard attentif,
    Ces mystérieuses travées,
    Dont les nervures enclavées
    Croisent la voûte en pendentif ;
    Et ces faisceaux de colonnettes,
    Longues et fines silhouettes,
    Elévant l'esprit transporté,
Jusqu'au trône éternel de la Divinité !...
    Mais, dans vos peintures à fresques,

Si vous nous montrez des grotesques,
Tout le charme sera détruit.

Toutefois en si belle route,
Vous ne tolérez pas même un instant de doute ;
Quoi qu'il advienne, il faut qu'on soit séduit,
Il faut répondre *amen*, flatter votre manie...
— Pouvons-nous cependant vanter sans ironie
Ces figures de saints qu'on croirait de carton ;
Ces bas-reliefs peuplés de maint pauvre avorton ;
Ces anges affectant, dans leurs poses risibles,
De mouvements forcés les contours impossibles ;
D'autres nous regardant avec l'air hébété,
Dans le terrible excès de leur naïveté ?
Nous pourrions pardonner à cette statuette
De s'asseoir devant nous maigre, gauche et fluette,
Si dans ses longs poignets, qu'entoure un fin manteau,
Nous trouvions seulement l'épaisseur de la peau...
Quand de ce Christ en croix la sublime agonie
Doit avoir le cachet de son divin génie,

Je vois corps déhanché, mains grêles, bras tordus,
Tibias serpentants, pieds grossiers et crochus...
Est-ce là, dites-moi, la céleste harmonie,
Et le bel idéal d'un grand et noble aspect
Qui doit, frappant nos sens, commander le respect?...
N'importe: art sans méthode ou nature équivoque,
Si même un mannequin par nous n'est admiré,
Nous sommes des intrus privés du feu sacré...

Respectons néanmoins l'œuvre de toute époque,
  Pour les souvenirs qu'elle évoque:
   Admettons même les magots;
  Mais n'allez pas, statuaires des Goths,
   Nous les imposer pour modèle,
   Et qualifier d'infidèle
Quiconque ne veut pas copier leurs défauts.

Vous faites plus: on sait qu'au temps de Louis onze,
En France on ignorait l'art de mouler en bronze:
Il fallait, façonnant la pièce et le morceau,

Employer de tous points la lime et le ciseau...
Nous avons, de nos jours, conquis cette industrie,
    Presqu'à l'égal du fondeur florentin :
      Eh bien ! — ce n'est pas raillerie —
Vous voulez revenir au travail à la main...
C'est moins bien, c'est plus cher, oui ; mais c'était l'usage
    Chez l'artiste du moyen âge...
Pour l'art industriel, à quoi bon désormais
Au génie inventif arracher ses secrets ?
Et vous, disciple ardent des formes les plus pures,
Pourquoi vous inspirer sur de belles natures ?
Faites comme on faisait, et, sans autre argument,
A l'étude, au progrès sachez donc vous soustraire !

    Mais à propos d'entêtement,
    On parle d'une grosse affaire
  Dont s'est ému tout le monde antiquaire :
Un savant dont le nom doit faire autorité,
Explorait l'an dernier sa champêtre demeure
Près d'*Eburovicum* — d'Evreux c'est la cité, —

Là d'antiques palais il est, dit-on, resté
Des vestiges nombreux, sur les rives de l'Eure :
Des pierres, de Clovis portant l'inscription,
    Et de monumentales briques
    A signes caractéristiques ;
Enfin, en poursuivant l'investigation,
Notre savant découvre une excavation
Qui jadis des Gaulois dut être un cimetière,
Ou des premiers chrétiens, plutôt, un baptistère :
Dans ce champ, dit l'histoire, un temple fut bâti,
C'était de saint Eloi l'ancien pèlerinage...
Pourtant ces ossements prouvent un sarcophage,
Et feraient incliner vers ce dernier parti...
Que cette crypte soit ou sépulcre ou chapelle,
C'est d'une antiquité que chaque trait révèle...

    Mais il existe sur les lieux
    Une société savante
    Qui devrait les connaître mieux,
Mais n'ayant pas su voir ces restes précieux,

Elle ose, contestant une bouche éloquente,
  Dire à l'Académicien,
  D'une façon un peu tranchante :
  (De ce rapport nous rirons bien,
  Remarquez le coup de théâtre!)
« Ce fameux monument dit mérovingien
  N'est autre... qu'un vieux four à plâtre ! »

  Antiquaires présomptueux,
Que ces dissentiments vous rendent plus modestes !...
  Honneur à vous si, dans vos faits et gestes,
  Vous vous montrez plus scrupuleux ;
Si, faisant de l'antique une étude profonde,
— Et le vrai nom d'*antique* ici n'est plus douteux, —
Vous allez, sur sa trace, à l'autre bout du monde ;
Si, bravant la fatigue, affrontant le péril,
Vous explorez l'Euphrate, et le Gange et le Nil...
Mais quand, du coin du feu, vous voulez tout connaître,
Même sur les beaux-arts quand vous parlez en maître,
  Et blâmez tout hors de votre rayon,

Bien grande est selon moi votre prétention...
Ah! si votre science est parfois peu certaine,
Votre règle en fait d'art l'est encore bien moins!..
Aussi sans insister sur ce dernier domaine,
A vos doctes travaux appliquez tous vos soins...
— A beaucoup de savoir joignant la modestie,
Socrate a dit souvent, rappelez-vous-le bien :

« Cinquante ans d'étude en ma vie
M'ont appris... que je ne sais rien. »

Au bas de cette épître, que M. Villemsens avait soumise à l'appréciation de M. Émile Augier, on lit l'apostille suivante conservée dans le manuscrit du poëte inconnu :

« Je ne suis pas antiquaire, c'est peut-être pourquoi je trouve vos réflexions très-justes. Elles sont mises en très-bons vers, ce qui ne gâte rien. »

E. AUGIER.

NOUVELLE ÉPITRE

A QUELQUES ANTIQUAIRES.

Antiquaires, ô vous que ma dernière épitre
A pu mécontenter... Quoi! de mes humbles vers
Vous avez daigné lire un peu plus que le titre.
C'est l'œuvre, dites-vous, d'un esprit de travers...
Soit; mais vous conviendrez que ce nouveau chapitre,
S'il n'offre que la rime à défaut de raison,
Du moins, pour m'expliquer, n'est pas hors de saison.
D'ailleurs, de tous côtés, l'évidence nous crie
Que chez vous seuls n'est pas la partialité.
Partout, l'un critiquant ce que l'autre a vanté,
Se jette à corps perdu dans quelque coterie.
Parti pris, intérêt ou camaraderie,

Hors nous et nos amis, tout sera rebuté;
C'est l'histoire de l'art... Mais, savants antiquaires,
Vous, dis-je, qui, partant du siècle d'Attila,
Allez à Louis douze... et jamais au delà,
Dans vos convictions, je vous tiens pour sincères;
J'admire même aussi, je vous l'ai dit déjà,
Sous leur divin aspect, vos pieux sanctuaires;
  Mais essayons de raisonner un peu.

Les arts furent partout les échos et l'image
De la société qu'ils eurent pour milieu.
Dans la simplicité des mœurs du moyen âge,
Dévots avec ferveur, nos pères, craignant Dieu,
Contre leurs passions luttaient avec courage;
Mais l'homme est toujours homme, et leur fragilité
Aux vicieux penchants incessamment en butte,
Trop souvent, comme nous, succombait dans la lutte.
Leur contenance, alors, d'un cœur tout contristé
Peignait le repentir et la perplexité.
Maîtrisaient-ils leurs sens à force de constance?

Leur visage béat, leur maintien contracté,
Exprimaient leurs efforts et leur sainte espérance.
L'artiste, pénétré des mêmes sentiments,
N'empruntait son talent qu'à sa foi primitive.
Son travail incorrect calquait ces mouvements ;
Et ces groupes de saints, ces anges, ces satans,
De types ingénus expression naïve,
N'étaient que le reflet des croyances du temps.

N'en fut-il pas de même aux rives de l'Attique?
  Athène, ô terre poétique,
  Sublime berceau des beaux-arts,
Tu ne nous montres plus que tes débris épars!...
Mais, aux jours de splendeur de ton illustre école
  N'est-ce pas ton divin climat
  Qui répandit ce pur éclat
  Dans les lignes de l'Acropole!

  Le peuple et les lois de l'État
Du charme extérieur avaient fait leur idole

On sacrifiait tout aux séduisants dehors.

Dans la lice, au gymnase, aux luttes corps à corps,

On voyait se former ces superbes natures,

Et se développer les brillantes allures,

De jeunes citoyens beaux, agiles et forts.

Du culte des faux dieux les pratiques légères

Ne les astreignaient pas à des règles austères ;

Et l'artiste, entouré de modèles parfaits,

Gravait dans ses chefs-d'œuvre, en puissants caractères,

La pureté de forme et le calme des traits.

Venise, la première, appela de la Grèce

   L'art qui déjà marchait vers son déclin ;

Mais y joignit bientôt, suivant son goût mondain,

Du luxe oriental la frivole richesse,

Et saint Marc fut du grec fardé de byzantin,

Jusqu'au siècle célèbre où la belle Florence

  Inaugura l'ère de Renaissance,

  Qui des Beaux-Arts fut le nouveau printemps.

De même que les fleurs couvraient tes riches plaines,

Ainsi l'amour des arts, chez tes nobles enfants,
Était inné, Florence, et coulait dans leurs veines!...
    Tu rayonnais, nouvelle Athènes,
Et ce grand mouvement, éclos en ces beaux lieux,
Courut de Rome à Naple, et de Venise à Gênes;
Puis aux pays voisins étendit ses domaines,
En se modifiant dans ces divers milieux...
Tu propageais au loin ces immortels ouvrages,
Dont couvrait à l'envi le sol italien
Tout ce monde animé d'indicibles courages:
Peintre, savant, sculpteur, simple praticien,
Poursuivant, sans repos, la gloire pour tout bien...
Belle époque où l'on vit ces artistes de race
Aborder tous les arts avec même bonheur!
Les discordes, la guerre, et leur sanglante trace
Ne faisaient au travail qu'accroître leur ardeur;
Le modeste artisan, jusqu'à l'humble manœuvre,
    Artiste aussi, produisait des chefs-d'œuvre,
Et ces états rivaux, turbulents, agités,
Ne s'enflammaient que plus par leurs rivalités.

Cependant le grand siècle a brillé sur le monde,
  Règne fameux, mémorable entre tous,
Où des célébrités la longue liste abonde,
Et semblait, on l'a dit, s'y donner rendez-vous...
Que de fiers monuments, de pages glorieuses,
De maîtres vénérés, sans égaux jusqu'à nous !
Mais que de vains esprits, que d'âmes orgueilleuses,
Où les goûts dépravés n'eurent que trop d'accès ;
Que de prétentions, de licences, d'excès !
Grandeur, puissance, éclat ; mais formes précieuses ;
De l'élégance encor ; mais des airs affectés...
  Dès lors, Paris était la grande ville
Dont la mode et les goûts au loin étaient vantés,
Et sur les mœurs du temps toujours formant son style,
L'art en prit les défauts avec les qualités.
En naissant, notre siècle aux coutumes antiques
Avait, tant bien que mal, fait un brusque retour ;
Les doctrines, l'usage, et jusqu'aux noms classiques
Des Grecs et des Romains, c'était l'ordre du jour...
Les Beaux-Arts, à nos mœurs constamment identiques,

Aussitôt des anciens remirent en faveur
   La gravité, mais surtout la raideur.

Quant à l'âge présent, à son genre équivoque,
Pour le bien définir on sent quelqu'embarras
Chacun, selon son gré, puisant dans chaque époque,
   Son caractère est de n'en avoir pas.

   Vous, donc, que l'on nomme antiquaires,
Bien que l'antique pur soit de chez vous exclus,
Vous, du gothique seul partisans absolus,
   M'accordez-vous, jusqu'à preuves contraires,
Que des sociétés les arts sont le miroir?
Eh bien! rétablissez les croyances, l'usage
   De nos aïeux du moyen âge;
Relevez l'abbaye à côté du manoir;
Donnez-leur, comme alors, le prestige en partage;
Que tout manant, saisi d'un aveugle respect,
Suive, sans murmurer, son sort, fût-il abject;
   Replongez-nous dans l'ignorance,

— Préférable peut-être à la fausse science,

Comme est la foi trop vive au faux raisonnement ; —

Qu'on se soumette à tout, sans vouloir tout connaître ;

Qu'on ait l'obéissance et l'entier dévouement

Du serf pour son seigneur, du vassal pour son maître ;

Exhumez, en un mot, la féodalité,

L'art gothique, à ce prix, sera ressuscité.

LES ARTISTES ITALIENS,

AU MOYEN AGE.

Autres temps, autres mœurs.

On met, dans l'œuvre, à présent moins d'esprit
Que dans l'annonce: au public on demande
  Moins d'estime, plus de profit...
  Et plus le théâtre est petit,
  Plus l'affiche doit être grande.
L'industriel, par un nouvel abus,
Pour s'y placer, de l'art étend la zone,
Se croit artiste et comme tel se prône ;
  Mais l'art qui progresse le plus,
  C'est de faire des prospectus.
  Améliore-t-on la chose,

En même temps qu'on en change le nom?

— Il importe peu, dira-t-on:
La réclame ne se propose
Que de monter d'un échelon;
Et le moyen ne fait rien à l'affaire.

Le coiffeur, jadis perruquier,
Est maintenant artiste capillaire,
Comme le chef, autrefois cuisinier,
Devient chimiste culinaire.
On cite même un savetier
Qui, tout en poussant son alène,
S'intitulait, d'un air altier,
Réparateur de la chaussure humaine.
C'était le moins qu'il fût artiste aussi:
Bottier, chausseur doit l'être *a priori*.
Maint tailleur, mainte couturière
Au même honneur aspirent pour leur part;
Enfin plus d'une charcutière,
Pour rehausser l'éclat de sa verrière,

Moule en saindoux quelques chefs d'œuvre d'art.

On vit, tout au rebours de ce risible usage,
   Les artistes du moyen âge,
Sur le sol florentin, s'élancer triomphants
Jusqu'aux sommets de l'art et rester artisans.... (1)
C'est par là qu'en effet presque tous débutèrent :
De mœurs simples, d'abord n'exerçant qu'un métier,
Beaucoup, en s'élevant, jamais ne le quittèrent ;
Un feu sacré guidait maint obscur ouvrier :
   Parmi tout ce monde artistique,
On voyait bien souvent leur vulgaire boutique
Humblement accolée au savant atelier.

Les orfèvres surtout, quand d'une main agile,
Ils façonnaient l'argent ou pétrissaient l'argile,
Y mettaient, cœurs naïfs, un cachet magistral,
Et modèle et main d'œuvre avaient succès égal !
L'adroit praticien, non moins grand statuaire,
Composait le sujet, ciselait le métal.

On peut en nommer cent, dans cette vaste sphère,

Robbia, Ghirlandajo, Perrochio, Salvati,

Benvenuto, Francia, Orcagna, Ghiberti... (2)

— Des élans spontanés, une facile étude

 Développaient, chez ces hommes à part,

  A toutes les branches de l'art

 Une incomparable aptitude.

De merveilleux talents noble rivalité !

Comme des fruits divers greffés sur un même arbre,

Leurs dons brillent aussi par la variété :

Tel qui montre à parfaire et le bronze et le marbre

  Tant de supériorité,

Est de plus architecte et peintre... — En vérité,

Nous avons peine à croire à cette ardeur fébrile :

Il laisse le compas, s'empare du ciseau,

Et les quitte, à leur tour, pour saisir le pinceau.

C'est ainsi que Giotto, par un labeur fertile,

Créait ce vrai bijou construit sur ses dessins,

 Son admirable *campanile;*

 Et même, de ses propres mains,

En sculptait les reliefs; puis, par un pas immense,
De la peinture enfin marquait la renaissance.
Bien d'autres, après lui, dans tous les arts brillaient ;
Dans tous également parfois ils excellaient :
Peut-on se prononcer sur le plus d'élégance
Qu'architecte ou sculpteur montra Sansovino,
Et sur le plus de gloire acquise à Pisano ?
Le bon dominicain, le suave Fiesole,
Fin miniaturiste, orne de ses tableaux,
Dont l'éclat ascétique a des charmes nouveaux,
Ce couvent qui pour chef avait Savonarole,
Le tribun véhément, le hardi novateur,
Artiste aussi fougueux qu'éloquent orateur.
Mais ces noms signalés dans la noble phalange,
Léonard de Vinci, Pérugin, Del Sarto,
Masaccio, Raphaël, Fra Bartholomeo,
Semblent servir d'escorte au géant Michel-Ange :
Sculpteur, il a peuplé le palais Médicis ;
Architecte, à Bramante il dispute le prix,
Peintre, il sait accomplir, seul, cette œuvre divine

Par son immensité... la chapelle Sixtine,
Et brille de vingt ans jusqu'à quatre-vingt-dix.
Chez ses imitateurs, son style s'exagère,
Sa manière énergique en excès dégénère,
Et depuis que le maître approche de sa fin,
L'art semble, comme lui, pencher vers son déclin.

A cette époque mémorable,
Où l'artiste animé d'une indicible ardeur,
Dans son mâle talent conservait sa candeur,
Athène, en ses beaux jours, est seule comparable,
Et forme entre elles deux plus d'un trait d'union.
L'on sait, à ce propos, comment Pygmalion,
    De l'image de Galathée,
    Qu'il avait lui-même sculptée,
    Devint follement amoureux...
— Le peintre Spinelli fut bien plus malheureux :
    Dans un de ses tableaux célèbres (3),
    Parmi les anges des ténèbres
    Qui s'agitent dans son enfer,

Il avait su, dit-on, sous un aspect horrible,
    Si bien figurer Lucifer,
Que le chef des démons, dans un songe terrible,
Apparut à l'auteur de son hideux portrait,
Lui demandant raison de l'avoir fait si laid :
Le pauvre artiste alors, crédule et trop sensible,
Par l'affreux cauchemar de ce rêve imposteur,
Fut tellement frappé qu'il en mourut de peur.

Citons enfin d'un siècle aussi simple qu'austère
Un dernier trait de mœurs. Le grand Brunelleschi (4),
Ce modeste artisan devenu statuaire,
Savant ingénieur, architecte hardi,
Avait, d'une parole âpre et pourtant sincère,
    Fait la critique *ex professo*
D'un Christ qu'avait sculpté l'ami Donatello,
Puis lui-même ébauché, sans rien laisser paraître,
Ce crucifix de bois, véritable trésor
Que possède Florence et qu'on admire encor
    Comme l'ouvrage d'un vrai maître.

Aussitôt qu'il l'eut terminé,
Et sans perdre de temps, à l'heure du dîné
   (Dîné frugal, comme on va le comprendre),
Il offre à son ami qu'il désire surprendre,
De venir avec lui jusqu'à son atelier.
Le repas est alors mis dans un tablier;
Donatello voit l'œuvre, et soudain il s'écrie,
A l'aspect de ce Dieu qu'abandonne la vie,
De ces contours si purs, de ces traits si souffrants :
  – « A toi de faire un Christ, à moi des paysans ! »
Mais tandis que debout l'artiste s'extasie,
Sa main du tablier laisse échapper les pans,
     Et tout le dîner roule à terre...
     Etait-ce un friand ordinaire,
    De fins morceaux, de beaux fruits mûrs?
    — Non, ce n'étaient que des œufs durs !

O mes contemporains ! rendons pleine justice
    A ces artistes, nos aînés :
Le milieu dans lequel presque tous étaient nés,

Leur rappelait que dans la lice,

A d'incessants travaux ils étaient destinés ;

Au vain luxe, au repos, ils dérobaient leur vie

Par le culte des arts uniquement remplie ;

C'était leur passion jusqu'à l'entraînement,

Leur but, leur foi, leur élément ;

Mais pour trop d'arts divers, réprimant leur tendance,

S'ils avaient, sur un seul, concentré la puissance

De leur prodigieuse et mâle activité,

Peut-être, d'un éclat encore plus intense,

Leur nom rayonnerait dans la postérité !

NOTES.

(1) La vie des artistes, en Italie, du XIIIe au XVIe siècle, formait un singulier contraste avec ce que nous voyons de nos jours : c'étaient de véritables artisans (*Histoire de l'Art*, de Du Pays, d'après Vasari, Murray, de Brosses, Lalande, etc.).

(2) Laurent Ghiberti fut à la fois orfèvre, sculpteur, peintre, architecte, etc. (*Histoire de l'Art*, etc., comme à la note 1).

(3) Chute d'anges peints par Spinello Spinelli, dans l'église Sainte-Marie-des-Anges, à Arezzo (même source que ci-dessus).

(4) Brunelleschi commença, ainsi que beaucoup d'autres artistes de cette époque, par être orfèvre; il fut habile sculpteur, au point d'être un des premiers concurrents pour les portes du Baptistère de Florence... Un concours d'architecture ayant été ouvert, pour terminer la cathédrale de Florence, Brunelleschi présenta des projets... Quand on l'entendit proposer d'élever, à trois cents pieds, sans arcs-boutants, et se soutenant par elle-même, une coupole de 131 pieds de diamètre intérieur, quand il annonça qu'il n'emploierait ni armature en fer, ni même de charpente, pour cintrer ses voûtes, on le crut fou... Brunelleschi est le hardi prédécesseur de Michel-Ange; son dôme a précédé, on ne se le rappelle pas assez, celui de Saint-Pierre de Rome, de plus d'un siècle, etc...

(Même source que ci-dessus.)

LES
PRÉCEPTEURS ECCLÉSIASTIQUES.

ESQUISSE DÉDIÉE AUX PÈRES DE FAMILLE.

Suus cuique locus.

I

Déjà ma faible voix a frondé de son mieux
Une étrange coutume, un mal contagieux
Qui porte, sans remords, tant d'humbles ménagères
De nos bons villageois à quitter leurs chaumières
Pour trôner, à la ville, en *nourrices sur lieux.*
 « Et leurs enfants n'ont plus de mères,
  Pour que les nôtres en aient deux... »
Osais-je dire alors, en blâmant l'égoïsme
Des heureux citadins qui font luire le prisme

ÉPITRES ET SATIRES.

D'un profit corrupteur aux yeux de pauvres gens,
Et leur causent ainsi du dégoût pour les champs.

Aujourd'hui, c'est encor d'un regrettable usage
Que je vais essayer de signaler l'abus :
Naguère en désuétude, il règne, il se propage,
Et, selon moi, pourtant il n'en est pas plus sage,
Bien que renouvelé de temps qui ne sont plus :
Je veux parler ici de certaine méthode,
Nuisible en plusieurs points, mais qui paraît commode
Pour un père jaloux de garder sous ses yeux
Son cher fils, et de voir le cours religieux
Suivre, d'un pas égal, l'enseignement classique.
Il introduira donc, au foyer domestique,
Pour précepteur un prêtre... — et chrétien timoré,
Contre l'esprit mondain, le voilà rassuré !

Mais pourquoi dédaigner le séjour du collége ?
L'humeur se forme au joug, par la vie en commun ;
Ensemble on s'habitue aux défauts de chacun ;

On s'exerce à lutter, à déjouer un piége ;
Tel y sent l'avant-goût des maux dont le cortége
Va bientôt l'assaillir, dans un monde importun.
L'envie a peu d'accès dans l'âme juvénile :
L'écolier qui, poussé par l'émulation,
Applaudit néanmoins un condisciple habile,
Dans ses rivalités, plus tard est moins hostile,
Et reste modéré dans son ambition.

Bon père, vous voulez l'instruction pieuse,
Pour affermir d'un fils la marche vertueuse,
Et vous pensez qu'un prêtre est un garant plus sûr
Qu'un laïque érudit, chrétien et d'un cœur pur.
Soit ! mais vous oubliez qu'une classe nombreuse
Dans la campagne, en vain demande un desservant.
Des hommes dévoués à cette vie austère
Le nombre, par degrés, devient insuffisant ;
Et lorsqu'en un hameau manque le presbytère,
Pour votre unique enfant, il faut un précepteur.
Vous ne prenez alors que l'intérêt pour guide,

Et des rangs du clergé vous augmentez le vide,
En privant, pour vous seul, tel troupeau d'un pasteur.

A tout ce qui peut nuire à la chose publique
Chacun devrait de même opposer sa critique,
Un conseil raisonnable, et sans fiel et sans peur.
Ainsi, pour entraver la marche envahissante
Du mal que j'ai décrit et qui grandit toujours,
A l'impôt somptuaire, en forme de patente,
On pourrait, ce me semble, avoir enfin recours.

II

Un vieux refrain a dit qu'en France
Où l'on s'agite en cent façons,
 « Tout finit par des chansons. »
Eh bien! si j'ai perdu tous mes frais d'éloquence,
Si le ton sérieux à vous lasser commence,
 Sur un ton léger finissons.

Jadis l'abbé coquet, lancé dans le grand monde,
Avec son manteau court et sa perruque blonde,
Au salon, au boudoir admis, presque partout,
Apportait sa louange ou ses conseils aux dames,
Autant sur leur toilette ou quelque objet de goût
  Que sur le salut de leurs âmes.

Autres temps, autres mœurs : de nos jeunes abbés
On connaît l'air craintif, la réserve sévère ;
Et de cette onction qu'on puise au séminaire,
Ils restent pour longtemps comme tout imbibés.
De l'établissement le régime est modeste :
  La cellule, pour ornements,
N'a que les quatre murs ; et le légume agreste
  Forme le fond des aliments.
Le bouillon est léger ; un liturgiste même
  Consulté sur ce cas nouveau,
Fut d'avis qu'on pouvait, pour donner le baptême,
 En cas urgent, l'employer, au lieu d'eau.
 Figurons-nous l'un de ces cénobites

Transporté tout à coup dans un centre opposé,
D'une riche famille hôte favorisé,
S'éveillant dans ce luxe et ces douceurs subites :
N'est-il pas tout d'abord un peu dépaysé?
Cette table qu'il voit splendidement garnie
 De mets exquis disposés avec art,
 Et de bons vins... n'est guère en harmonie
Avec ce qu'il avait et peut avoir plus tard.

Un repas somptueux est parfois une gêne :
  A ce propos, je citerai
  D'un village le bon curé
  Invité par sa châtelaine,
 Pour un festin à grands frais préparé.
Quand vint, entre autres plats, le produit de la chasse,
Notre homme, malgré lui, se mit à s'écrier :
  « Quel bon fumet a ce gibier ! »
Aussitôt la maîtresse ordonne qu'on en passe
Un des meilleurs morceaux à lui tout le premier :
Non, non, merci, dit-il. Comment? Je vous rends grâce;

J'eus grand tort, je l'avoue, et je dois m'abstenir.
— Ah! monsieur le curé, vous êtes admirable :
  D'un pareil trait seul un saint est capable,
Fait la dame, et l'on doit de tout cœur l'applaudir.
— Madame, reprend-il, pardon, je me ravise ;
  J'accepterai ce filet de chevreuil ;
Je sens que la louange excite en moi l'orgueil :
  J'aime encor mieux pécher par gourmandise.

  Pour l'abbé-précepteur, je crois,
  Mainte occurrence intempestive
  Fera surgir, plus d'une fois,
  Quelque semblable alternative.

Il faudra bien aussi qu'il paraisse au salon :
A la campagne, on a les visites parées ;
La ville oblige même aux brillantes soirées.
Or — la mode le veut — des robes du bon ton
La jupe s'agrandit, le corset diminue :
Aussi, sans penser mal d'une dame, dit-on :

« Plus elle est habillée, et moins elle est vêtue. »

  Beaucoup de belles à regret

  Se conforment à cet usage ;

  Mais plus d'un regard indiscret

Prouve que tous n'ont pas ce scrupule en partage.
Puis, à l'heure du calme, il se peut qu'un matin,
Chambrière égrillarde ou faussement timide

  De troubler une âme candide

  Aime à se faire un jeu malin.

Rarement précepteur doit quitter son élève ;
Mais au grec, au latin on fait un moment trêve :
D'être bon écuyer on se montre alors fier,
A l'âge où de la vie on sent bouillir la sève.
Puis, aux jours de vacance, on nage aux bains de mer :
A partager ces jeux si le devoir condamne

  Le maître en habit clérical,

S'il faut en compagnie enfourcher un cheval,

  On conviendra que la soutane

  A l'équitation sied mal.

Faut-il, au sein de l'onde amère,
Tout comme un autre, et s'ébattre et plonger,
S'en tiendra-t-il au costume léger
Que portait notre premier père ?
Ou bien, pour éviter les propos goguenards,
Et de l'art du triton goûtant peu les hasards,
Notre abbé devra-t-il demeurer sur le sable,
Et rappeler ainsi la fable
De la poule aux petits canards ?

Aux embarras divers qu'ici je vous signale,
Bien d'autres, à mon sens, pourraient se joindre encor;
Et le monde est si plein d'écueils et de scandale,
Que pour mener à bien cette vie anormale,
Il faudrait la sagesse et l'âge de Mentor !

ÉPITRE A LA VÉRITÉ.

> Quid Romæ faciam ? Mentiri nescio.
> Juvénal; Sat. III.

O Vérité ! de votre humble retraite
Vous désirez sortir... Je le voudrais ;
Mais vous n'auriez que d'impuissants regrets,
Et des mœurs du moment seriez peu satisfaite...
    Vos adeptes du bon vieux temps
Vous respectaient du moins : si par son doux sourire,
    L'erreur parfois put les séduire,
Égarés, ils croyaient vous être encor constants.

    Notre siècle a moins de scrupule,
    Il en use plus sans façon :

Votre candeur lui semble un ridicule,
   Et votre langage un vain son ;
On bâille à vos discours ; le mensonge, au contraire,
Obtient, de plus en plus, la faveur populaire :
   Citons quelques faits au hasard...

   Le voyageur qui court le monde
      Vous montre-t-il le moindre égard ?
   Non : de sa plume trop féconde,
Le plus discret vous barbouille de fard,
   A vous rendre méconnaissable ;
   Et d'autres changeant le portrait,
   Sans viser même au vraisemblable,
   Parfois l'inventent tout à fait.
Ah ! combien d'écrivains soi-disant historiques,
Qui pourtant, mieux que tous, devraient vous honorer,
Et qui, passionnés bien plus que véridiques,
Ne craignent nullement de vous défigurer...
   Les ingrats !... Vous qui de l'histoire
   Seriez le plus bel ornement,

L'un vous fait blanche, et l'autre noire :
Comment vous découvrir sous ce déguisement?
Ce ne sont, chaque jour, que nouvelles injures,
　　Nouveau dard sur vous décoché :
　　Sans parler des graves blessures,
Voici, pour en juger, quelques égratignures.
« Combien ce fruit? » dira l'acheteur au marché.
— « Il vaut, » dit le vendeur, « cinq sous, sans rien rabattre;
Mais prenez-le pour trois, bien qu'il m'en coûte quatre;
　　— C'est trop cher, il n'en vaut que deux,
　　Et pour ce prix je trouve mieux ;
Je le prendrai pourtant!... » — D'un pareil verbiage
Chacun donne l'exemple, ou fait l'apprentissage,
Et c'est à qui sur vous lancera plus de traits.
— « Ce gros poisson de mer, » dit un autre, « est-il frais?
— Pêché de ce matin, tout vif comme une anguille.
　　— Me garantissez-vous cet œuf?
— A peine est-il pondu. — Quelle est cette guenille,
Ce vieil habit? — Vraiment il est meilleur qu'un neuf!...
On voit jouer plus haut la même comédie,

Mais avec de plus grands acteurs :
Par exemple, c'est l'or de la Californie
Émaillant le sol sous des fleurs ;
Quelque houillère où le charbon se trouve
Sans frais, sans peine, à volonté ;
C'est une terre inculte où couve
Un trésor de fertilité ;
Ou quelque usine, au loin, dont le propriétaire
Ne peut réaliser qu'un mince contingent,
Et cependant promet à tout actionnaire
Qui viendra lui verser au plus tôt son argent,
De l'enrichir en partageant....

Ceux que la soif de l'or enflamme,
Modeste Vérité ! vous trahissent souvent ;
Quelquefois même on vit un docteur, un savant,
Sous sa gravité feinte abriter la réclame.
Écoutez le récit suivant
Qui d'être véridique a d'ailleurs le mérite ;
De deux patientes l'on cite

L'esprit novice encor, bien que sur le retour :

 L'une, grosse comme une tour,
 A part même la crinoline,
 Tremblait de voir, de jour en jour,
 S'épaissir sa taille et sa mine ;
 L'autre maigre comme un coucou,
 Chaque matin, à sa toilette,
 Déplorait son corps de squelette,
 Ses bras moulés sur un bambou...
 Dame nature a ses caprices,

Et l'art assez souvent en corrige les vices...
O chaste Vérité ! que des yeux indiscrets
Trouveraient dans cet art, pour vous, d'affronts secrets!..

 Continuons : ce siècle de merveilles
 Voit publier, parmi cent prospectus,
 Ceux d'un docteur dont les eaux sans pareilles
 Guérissent tout, ont toutes les vertus :
  Calmantes ou dépuratives,
  Astringentes ou laxatives,
  Toujours avec succès égal,

Remède certain, radical.
Avez-vous trop de sang, ces eaux le clarifient;
Mais si le sang est pauvre, elles le fortifient;
C'est un rafraîchissant, si la bile est en feu.
Les nerfs sont-ils rétifs, pour elles c'est un jeu;
Contre goutte et douleurs leur effet est insigne;
Telle est sur l'estomac leur action bénigne,
Que, si l'appétit manque, elles vous le rendront.
Si vous en avez trop, elles vous l'ôteront...

La grosse dame dit : « Bon, voilà mon affaire ! »
    Et fut s'éclairer sur ce point
    Chez l'auteur de la circulaire :
« J'ai peut-être, docteur, un peu trop d'embonpoint,
L'usage de ces eaux pourrait-il m'en défaire?
  — Assurément; croyez-en leur renom,
Contre l'obésité mes eaux sont efficaces:
   On en a vu, Madame, de plus grasses
    Dont elles ont bien eu raison.
   Essayez-en pendant une saison... »

La dame maigre avait vu même annonce :
Elle alla s'enquérir aussi,
Et de notre Esculape obtint cette réponse :
« Madame, à l'éthisie on met bon ordre ici,
En peu de temps vous en aurez la preuve... »
Nos deux patientes, enfin,
Côte à côte suivaient ce régime si sain,
Espérant bien faire peau neuve ;
Lorsqu'il arrive, un beau matin
Qu'elles attendaient audience,
Que mutuelle confidence
Leur démontre l'outrecuidance
Du docteur et du prospectus...
Est-il sûr qu'en dépit d'exemples superflus
Un autre, un peu plus tard, ne les y prendra plus ?

Le nombre, ô Vérité, de tous ceux qui vous blessent,
Est si grand !... Ce serait un cas fort délicat,
S'il fallait pour chacun trouver un avocat...
Un avocat, hélas ! presque tous vous délaissent,

4.

Ou vous torturent à l'envi :

Ils n'ont pour vous ni pitié, ni merci...

Le juge sur son siége, en prescrivant sans cesse

Ce serment par la loi dicté :

« Toute la vérité, rien que la vérité, »

Malgré cet excès de tendresse,

N'est-il bien lui-même, entre nous,

Jamais infidèle envers vous ?

La fable, richement parée,

Dont l'éclat éblouit nos yeux,

N'est-elle jamais en ces lieux,

A vos dépens, la préférée ?

Où trouverez-vous donc, auguste Vérité,

Une atmosphère moins suspecte,

Quelque beau coin du globe où l'on aime et respecte

Votre austère sincérité ?...

Nous avons vu ces héros de tribune

Vous préférer cent fois la popularité ;

Mais vous êtes tranquille au moins de ce côté...

Pardonnez-leur et sans rancune :

Tout est changé, le temps a fui,
Ils sont plus discrets aujourd'hui...
N'allez pas, s'ils ont fait fortune,
Les troubler au sein des grandeurs;
Vous seriez fort mal accueillie...
Que feriez-vous donc, je vous prie,
Chez tels hommes d'État, chez tels ambassadeurs?...
De leurs familiers la cohorte,
Plus ou moins poliment, vous fermerait la porte.
Rappelez-vous l'un d'eux, cet esprit si subtil
« Par la nature, à l'homme, » disait-il,
« La parole fut dispensée
Pour dissimuler sa pensée... »
D'un pareil voisinage évitez le péril
Faut-il, en désespoir de cause,
Vous recommander en hauts lieux?
Oh! gardez-vous, sur toute chose,
De tenter ce saut périlleux,
Que vous pourriez fort bien, peut-être
Exécuter par la fenêtre...

Simple, sans pompe, sans apprêts,
Votre allure et votre langage
N'ont à la cour aucun succès :
Vous montrer là serait peu sage,
Attendez quelque heureux progrès.

O Vérité ! sur votre sort je pleure...
Quelques fervents pour vous rêvent encor
   Vos plus beaux jours de l'âge d'or.
   Mais que faire en attendant l'heure
   Où ce temps pourrait revenir?
Rentrerez-vous dans l'humide demeure
Dont Florian jadis vous fit sortir?...
Non. Pourquoi vous plonger dans cette nuit profonde
Vous qu'on devrait nommer souveraine du monde,
Planez sur nous, montez à la clarté des cieux,
Auprès de la Justice et de la Paix féconde;
Bravez l'esprit du mal, brillez à tous les yeux,
Jusqu'au céleste jour, hélas ! bien loin encore,
Où vous détrônerez les faux dieux qu'on adore.

ÉPITRE A P.-F. MATHIEU,

AUTEUR DE L'ÉPITRE A MESSIEURS LES PROPRIÉTAIRES (1).

> La valeur des choses est fondée sur le besoin. (Condillac.)

J'ai lu, mon cher Mathieu, tes charmantes Épîtres...
Tu nous trompes vraiment par le choix de leurs titres :
Ainsi, quand à Mangin tu semblais t'adresser,
C'étaient d'autres que lui que tu savais lancer :
Ton esprit sémillant et né pour l'épigramme,
De l'intrigue et du gain rimait l'épithalame,
Et faisant le procès à tous les charlatans,
Tu n'en frondais que mieux un des travers du temps.
Mais ton dernier factum, plein de la même verve,
Donne lieu cependant à quelque humble réserve.

Je crois voir, par exemple, en ton nouveau sujet
Que le titre est suivi de moins qu'il ne promet...
A côté des maisons il est aussi des terres :
Puisque aujourd'hui ton trait vise aux *propriétaires*,
C'était nous présager de vastes questions ;
Car on en compte, en France, au moins six millions,
Et ton esprit subtil à l'instant doit comprendre
La longueur du cordon qu'il faudrait pour les pendre... (2)

Mais passons à l'Épître... Aux premiers mots, je voi
Que le propriétaire « est un sujet d'effroi. »
« Dans vos maisons, dis-tu, l'on n'obtient nulle grâce.
Il faut que, tour à tour, chacun de nous y passe,
Et nouveau locataire ou locataire ancien
Remplisse votre coffre en épuisant le sien... »
— Comment donc, s'il te plaît, se pourrait le contraire ?
Veux-tu, pour le loger, qu'on paie un locataire ?
Jusqu'ici dans un bail on doit voir un contrat,
A dit, en février, le citoyen Marrast...
(Comme un autre tribun, l'histoire le rappelle,

Naguère décréta que l'âme est immortelle),
Aussi reconnais-tu que chacun doit payer
Tant bien que mal, sa dette et même son loyer;
Item, tu ne veux pas, Dieu merci, qu'on nous pende,
Du moins pas tout à fait, et ce qu'on nous demande
Est, « pour un prix honnête, à pouvoir se loger... »
Prix honnête est le point qu'il s'agit de juger.

Un produit quel qu'il soit monte quand il est rare,
La main qui le détient s'en montre plus avare;
Que ce produit abonde et le consommateur
Sera plus exigeant envers le producteur.

Par l'ordre ou le travail, si notre aisance accrue
Nous pousse au beau projet d'avoir pignon sur rue,
Nous payons, de nos jours, tiens-toi pour averti,
Le terrain nu plus cher qu'autrefois tout bâti;
Mais il faudra bâtir : vois, sans être un Barême,
Qu'à prix plus que doublé l'intérêt l'est de même.
Si la hausse profite aux anciens possesseurs,

N'en est-il pas ainsi de toutes les valeurs?
Et si l'abus parfois exagère l'usage,
Le fisc intéressé l'exploite et l'encourage...
Sans doute c'est un mal; mais tu devrais plutôt
Remonter à sa source et le voir de plus haut.

Toi-même tu conviens que chacun dans sa sphère
Fait « bien pis à présent pour se tirer d'affaire... »
En effet, jouit-on de quelques bons emplois,
On cultive très-bien les fruits de fin du mois :
Tel commis nonchalant, peu zélé d'habitude,
Montre pour ce jour-là complète exactitude ;
Artiste ou médecin, avocat ou savant
Met au plus haut qu'il peut le prix de son talent ;
Est-on, sur le grand livre, inscrit pour une rente,
Au semestre on maudit quelques heures d'attente :
Haro sur l'emprunteur malheureux ou fripon,
S'il n'était en mesure au moment du coupon !
Tout porteur d'actions aux gérants recommande
Les moyens d'encaisser le plus gros dividende.

A la Bourse plus d'un ne trouverait pas mal
De voir, en quelques jours, doubler son capital...
Or, ces heureux rentiers n'ont jamais que la peine
D'empocher leurs écus sans embarras ni gêne.
Ils se révolteraient, sans nul doute, à propos
D'une loi qui créerait deux centimes d'impôts :
Au possesseur d'immeuble abandonnons les charges;
Pour porter le fardeau ses épaules sont larges...
Et tu veux qu'à lui seul il puisse être interdit
De mettre son argent et ses soins à profit !
Mais ces profits, dis-tu, font que sans nul scrupule,
Le marchand trop ardent à viser au pécule,
Et fléchissant d'ailleurs sous le poids du loyer,
Rançonne ses chalands pour pouvoir le payer.
Mais le taux des maisons ne fait pas, que je sache,
Hausser chez l'éleveur et le bœuf et la vache,
Aux prés du Calvados... Les loyers de Paris
En Bourgogne ont-ils fait des vins monter les prix?
Il faut chercher ailleurs, et la cause première
Est le luxe gagnant la nation entière.

C'est que tel autrefois réglait ses amis
Avec la poule au pot, ou quelques bons rôtis,
Dont la table à présent serait digne d'un cuistre,
S'il ne leur donnait pas des dîners de ministre
Et tels, contents jadis d'un simple logement,
Occupent aujourd'hui complet appartement...
Tous veulent ajouter l'élégant au commode :
C'est du grand au petit que le luxe est de mode;
Et, quel que soit son rang, chacun veut de nos jours
Porter des vêtements de soie et de velours.
Un mari pour sa femme a fort mauvaise grâce
Si son revenu net en toilette ne passe.
Fi du bonnet modeste et de l'humble sarrau,
A tous le cachemire et la plume au chapeau !...
Et si les beaux tissus ne renchérissent guère,
C'est grâce aux inventeurs de main-d'œuvre moins chère !
On verrait des maisons s'abaisser la valeur,
Si l'on pouvait aussi bâtir à la vapeur.
Ainsi donc, des loyers la tendance funeste
Suit le cours, après tout, que lui trace le reste...

Qu'on puisse maintenant citer plus d'un abus
Chez maint propriétaire, insatiable d'écus,
Qui le nie? Et sait-on chose grave ou légère
Qu'en ce monde l'excès n'entraîne et n'exagère?
D'un repas savoureux si l'on aime à jouir,
Par l'indigestion un gourmand va finir;
Si la beauté nous plaît par ses couleurs vermeilles,
Une folle se met du fard jusqu'aux oreilles;
Et quand l'homme de bien cherchait la liberté,
Dans la licence, en plein, maint autre s'est jeté...
Mais suffit-il qu'un seul soit tombé dans l'extrême,
Pour en confondre cent dans un cri d'anathème
Qui, chez plus d'un rêveur par l'envie agité,
Va du propriétaire à la propriété?
S'il est là, comme ailleurs, certains abus blâmables,
Les locataires tous sont-ils irréprochables?
Tous peuvent-ils prétendre, en se lavant les mains,
Qu'ils sont blancs comme neige et de vrais petits saints?
Du contraire souvent nous avons fait l'épreuve,
Un de leurs mauvais tours peut en donner la preuve.

Un nouvel occupant pourra-t-il bien payer?
Oui, voilà pour garant un joli mobilier,
Signe d'économie et d'ordre en son ménage.
Au jour dit il arrive. Il n'a pour tout bagage
Que deux chaises, un lit, une table en sapin :
Le *joli mobilier*... était à son voisin.
Mais approche le terme, et comme bien on pense,
On recevra... zéro le jour de l'échéance.
On patiente encore, enfin, découragé,
Il faut bien malgré soi recourir au congé.
Mais nous avions, dis-tu, jadis moins d'exigence
Pour qui venait louer : exempts de méfiance,
Nous ne vous prenions pas pour « mauvais citoyens; »
Nous admettions les « chats, les enfants et les chiens, »
Et nous ne disions pas que, « pour être des nôtres, »
Il ne fallait avoir « ni des uns ni des autres... »
Si nous fuyons les chiens, les perroquets, les chats,
Toi-même à ton voisin ne t'en plaindrais-tu pas?
Et quant à tes enfants, tes plaintes sont factices :
On ne vit, dans Paris, jamais tant de nourrices...

Crois-tu que cette gent, faute de logements,
Va coucher, tous les soirs, dans les départements?
Ou bienque, refusés partout pour *locataires*,
Tous ces petits marmots sont des *propriétaires?*

Ces deux mots, à ton sens, désignent deux troupeaux
Dont l'un serait des loups et l'autre des agneaux...
Les rieurs sont pour toi : donc ma thèse est ingrate;
Mais voyons à quel point est vrai ce qui les flatte.
Si de loger le riche on a l'insigne honneur,
On n'est, en lui louant, qu'un simple fournisseur;
En tout à son *comfort* il voit quelques atteintes,
Et lorsque pour la paix on répond à ses plaintes,
Toujours on se présente ou trop tard ou trop tôt...
Il nous rendrait passible et du froid et du chaud...
Un jour, le terme échoit... Monsieur est en voyage,
Va, l'été, dans sa terre; attend quelque fermage...
A son retour sans doute et dans six ou huit mois,
Il daignera payer trois termes à la fois...
— Mais nos frais vont toujours... — Bah! pure bagatelle

Dont nous ne devons pas lui troubler la cervelle :
Payons sans recevoir... — Franchement, entre nous,
Décide où sont ici les agneaux et les loups.

Sans donner, diras-tu, dans un luxe funeste,
Construisez des maisons sur un plan plus modeste :
Pour de petits locaux vous trouverez des gens
Plus simples dans leurs goûts, moins fiers, moins exigeants.
— Ah! que sur ce point-là, pour ta muse humoriste,
De traits bien acérés serait longue la liste!
Et que, pour tes péchés, je voudrais bien te voir
User dans ce guêpier ta vie et ton avoir,
T'épuiser au milieu de débats et d'étreintes :
États de lieux, congés, procès-verbaux, contraintes,
Police, et cœtera!... Jadis, de tout côté,
Ministre responsable était moins tourmenté.

Certes, si de plus près tu regardais les choses,
Tu verrais que ce lit n'est pas un lit de roses;
Et plus tu prendrais bas tes observations,

Plus tu verrais grandir nos tribulations.

Certains hôtes, chez nous, en usent plus qu'en maître :
Ils détruiraient nos murs pour avoir du salpêtre,
Et si le bois leur manque, en un jour de grand froid,
Brûleraient, s'ils l'osaient, jusqu'aux chevrons du toit!
Pour le paiement du terme, il est fort équivoque;
Tu vantes *notre droit*, trop souvent on s'en moque,
Et l'on connaît très-bien l'art de s'en affranchir;
Quant aux *petits cadeaux* que tu nous dis d'offrir,
Nous n'en faisons que trop à plus d'un locataire,
Qu'il faut dans certains cas payer pour s'en défaire,
Heureux si des huissiers nous sauvons les dépens
Par des indemnités de déménagements!

Ecoute, en terminant, Mathieu, la simple histoire
D'un vieil ami, rentier qui, peu jaloux de gloire,
D'un petit revenu vivait paisiblement,
Sans luxe, mais dispos, et mis élégamment :
Mœurs, tenue, en lui tout était irréprochable...

Je le rencontre, un jour... Sa mine est pitoyable,
Son habit étriqué, son pantalon flottant,
Il a les yeux pochés et s'avance en boitant :
« Hé ! dis-je, comment va ? — Mal : j'ai cédé ma rente
Pour me faire adjuger une maison en vente...
— Propriétaire, eh ! mais c'est superbe, oui-da...
— Que de peines, mon cher, depuis ce moment-là !
— Parlez. — Un locataire, en retard d'une année,
Tailleur de son état, par sa dette ajournée
M'exaspérait ; enfin j'acceptai, pour acquit,
Qu'il me mit sur le dos ce détestable habit...
Un autre, un cordonnier, savetier l'on peut dire,
A défaut de paiement m'a fait, pour mon martyre,
Les souliers que voici qui me sont trop étroits,
Cuir dur qui m'a, déjà, du pied meurtri deux doigts...
Adieu, le percepteur à le solder m'invite :
J'y cours !.. » Ce sillon noir qu'il portait à l'orbite
M'avait fait soupçonner un sinistre accident
Dont il ne voulait pas me rendre confident...
J'ai su, depuis, qu'à bail il a dans ses boutiques

Certain maître boxeur aux formes athlétiques,
Lequel, quand son bailleur presse pour le loyer,
Lui donne comme à-compte un plat de son métier!
D'un pareil argument je te crois incapable
Et je ne dirai pas que ton cas est pendable:
De ta veine caustique on n'y doit voir qu'un jeu,
Et cette épître-là n'est pas de saint Mathieu;
Aussi, pour châtiment, de simple locataire,
Puisses-tu devenir, un jour... propriétaire!

NOTES.

(1) Voir cette épître dans un volume de poésies diverses, à la librairie académique de Didier et Ce.

(2) « On dit qu'en février on a voulu vous pendre,
« Je n'en suis pas bien sûr, et je n'ose prétendre
« Que ce fût là l'espoir du peuple citoyen, etc.
(Voir la même épître.)

LE MARTYRE.

ÉPITRE AUX DAMES.

Musa pedestris.

« Sous ce beau titre : *Le Martyre*, »
Dit fine bouche en souriant,
« Quelle vaine muse s'inspire
Pour ajouter, dans son délire,
Un chapitre à Châteaubriand?
— Bah! dit une autre, l'on doit croire
Que, dans cette nouvelle histoire,
Le seul vrai martyre sera
Pour le bénévole auditoire
Qui jusqu'au bout l'écoutera... »
Non, le martyre est bien ma thèse,

Et mon cadre ici s'élargit :
Sachez, Mesdames, qu'il s'agit
De vous-mêmes, ne vous déplaise...
Mon dessein n'est pas cependant
D'évoquer les funèbres drames
De victimes bravant les flammes,
Le fer rouge ou le four ardent,
Du tigre la griffe et la dent...
Nobles cœurs dont tant de souffrances
Semblaient retremper les croyances !...
Un orateur dans le saint lieu,
Épanchant sa verve féconde,
Comparait ces martyrs de Dieu,
Qu'en ce siècle on rencontre peu,
Avec ceux dont la foule abonde,
Et qu'il nommait : martyrs du monde.
En effet, Mesdames, sur vous
Le monde exerce un tel empire,
Que c'est, sous des dehors plus doux,
Un autre genre de martyre...

D'abord la mode qui n'admet
D'autre règle que le caprice,
Vous inflige plus d'un supplice.
Pour compenser l'étroit corset
Qui vous emprisonne la taille,
Il faut près du trop court lacet,
De trop longs cerceaux de ferraille;
Dans ce métallique donjon,
Ainsi que l'oiseau dans sa cage,
Vous avez de plus en partage
Tout le poids de votre prison;
Tel est l'encombrant coquillage,
Crinoline du limaçon.

Des chapeaux la forme étendue
Naguère en plein front s'avançait,
Et sous le menton se croisait,
Des deux côtés masquant la vue :
Plus tard s'enfuyait vers la nuque
Un petit extrait de chapeau.

Contre les rhumes de cerveau
On eût dédaigné la perruque,
Mais sur un col blanc et mignon,
On préfère du lourd chignon
Rajeunir la mode caduque...
Quant aux chapeaux, c'est vers le ciel
Qu'à présent va l'échafaudage;
C'est pour vous un fardeau réel,
Et la mode n'est pas plus sage.
Gardez-vous bien, à ce propos,
De toutes ces formes outrées;
De ces manches démesurées,
Vrais ballons effaçant le dos,
Dont l'affreux nom était *gigots;*
D'autres non moins exagérées,
Comme un fourreau couvrant les bras,
Quand du bas l'étoffe inutile
Accrochait tout avec fracas :
C'était la manche *à l'imbécile...*
Quel que soit ton caprice, hélas !

A tes décrets toujours docile,
O mode, en tortures fertile,
On souffre et l'on ne se plaint pas.

Du monde il faut suivre l'usage.
Que des bals vienne la saison,
Bientôt des tourments à foison
Troublent les fêtes qu'il présage...
Ici d'exemple est-il besoin?
Je n'en citerai qu'un entre autres,
Et Mesdames, l'une des vôtres
Chez une amie en fut témoin.
Des parures la grande affaire
Absorbait ses moindres loisirs...
Combien lui causait de soupirs
Sor inexacte couturière!
Un soir, de son coiffeur aussi
Se faisait attendre l'office.
Ne viendra-t-il pas? quel supplice!
Minuit sonne... enfin le voici...

L'artiste à la coiffer s'apprête,
En tout sens lui meurtrit la tête,
Enfin, pour les tresser au mieux,
Arrache presque les cheveux.
Que d'ennuis! mais, pour être belle,
On souffre tout sans murmurer.
Sa camériste qu'elle appelle
Arrive pour tout préparer.
« Mais quoi! cette robe est trop large,
La taille a deux grands doigts de marge,
Et semblait hier me gêner...
— Ah! je le vois, Madame oublie
Qu'elle doit bien être amincie,
Elle a pu fort peu déjeuner,
Et par trop de soins assaillie,
N'a pas eu le temps de dîner...
Enfin, prête de toutes pièces,
Elle va partir, mais entend
Ces mots si pleins de gentillesses :
« Petite mère, tu me laisses! »

Elle s'arrête en hésitant :
« Ma fille est souffrante... Ah! que faire?...
La quitter, c'est peut-être un tort,
Et dois-je au monde cet effort?.. »
Mais, voyant de sa tendre mère
L'embarras né de ce réveil,
L'adorable enfant sait se taire,
Et feindre un retour au sommeil.
« Elle dort... Vite ma voiture!... »
Nos coupés sont fort rétrécis :
S'assied-on, la fraîche tournure
Va se chiffonner en faux plis;
Rester debout... de la coiffure
Les ornements sont compromis...
Courbée, osant bouger à peine,
Après ces longs moments de gêne
Notre victime arrive enfin.
Elle veut se distraire en vain,
Chassant d'importunes tristesses;
Un nuage voile ses yeux;

Ce cri semble venir des cieux :
« Petite mère, tu me laisses ! »
Et, se reprochant ses faiblesses,
Sous le poids de sombres soucis,
Elle court jusqu'à son logis...
Que la marche lui semble lente !
Elle arrive, enfin haletante,
Veut et n'ose questionner ;
Un noir pressentiment l'assiége :
« Dans quel état la trouverai-je?
Devais-je ainsi l'abandonner ! »
Au milieu d'un morne silence,
Vers son enfant elle s'élance,
Elle écoute anxieusement ;
Sur l'enfant sa lèvre se penche,
En larmes son âme s'épanche...
— Sa fille dort paisiblement.
Ah ! ce sont des larmes de joie :
Combien elle rend grâce à Dieu !

De fuir le monde elle fit vœu...
A ce serment faut-il qu'on croie?
Plus d'un joueur veut fuir le jeu,
Et trop souvent reste sa proie.
D'ailleurs fillette d'aujourd'hui
Est bientôt jeune demoiselle,
Et, par tendresse maternelle,
A ce monde qu'on avait fui,
Il faudra revenir pour elle.
J'ai donc eu raison, je le croi,
Au début, Mesdames, de dire
Que du monde subir la loi,
C'est se condamner au martyre.

ÉPITRE AUX ESPRITS FORTS.

Il est un Dieu puissant, redoutable mystère,
Qu'un fol orgueil en vain prétendrait contester;
C'est le nœud social, et, dit même Voltaire,
« Si Dieu n'existait pas, il faudrait l'inventer. »
De ce roi tout-puissant le prêtre est le ministre :
Il doit l'exemple à tous, pour honorer l'autel,
Mais homme, il peut faillir comme un autre mortel;
Et l'on vit même, un jour, un meurtrier sinistre,
Orné de la tiare et de pourpre vêtu,
Insulter, par son rang, au culte, à la vertu.
Certes le crime est grand, mais grande est l'imposture
De ceux qui s'appuyant sur quelque exception,
Attaquent et le prêtre et la religion.
La justice, à nos yeux, paraît-elle moins pure,
Parce que certain juge ou quelques avocats
Auront payé tribut à la faiblesse humaine,

Et criera-t-on, haro! sur tous les magistrats?
Qui pourrait mettre un frein à cette aveugle haine?
C'est vous tous, dont le rang, dans la société,
Donne à vos actions le plus d'autorité.
Le simple, qui veut croire, en secret vous contemple,
Et d'un entier respect vous lui devez l'exemple.
Pour tous il faut un culte; en respectant trop peu
Ceux qui par mission lui servent d'interprètes,
Dans l'incrédulité, par des pentes secrètes,
Des agents au principe on irait jusqu'à Dieu.
Et pourquoi rejeter le pieux ministère,
D'un prêtre vertueux et d'une foi sincère?
N'est-il pas après tout, dans les jours de malheur,
Le discret confident et le consolateur,
Et déjà, n'est-ce pas alléger la souffrance,
Que lui faire entrevoir une sainte espérance?
Il rappelle aux heureux qu'il faut faire une part
Au pauvre, à l'orphelin, à la veuve, au vieillard.
En bon chrétien, dit-il, ce mot est son exorde,
Aimez la charité, la vertu, la concorde;

Résistez sans relâche à tout mauvais penchant,
Soyez pour vous sévère, aux autres indulgent.
Cette morale enfin, que ta raison accepte,
Ardent libre penseur, n'a pas d'autre précepte:
N'est-ce pas ajouter à son autorité,
Que de parler au nom de la Divinité?
A moins que ta folie, ô faible créature,
N'aille jusqu'à nier l'auteur de la nature.
Soi-disant esprit fort, dont l'incrédulité
Naît plutôt de l'orgueil que de l'impiété,
Songe au pauvre dont Dieu est l'unique espérance,
Et ne renverse pas sa pieuse croyance.
« Mais, sans porter atteinte à la religion,
Je veux chasser, dis-tu, la superstition. »
Chacun, sous ce prétexte, avec ardeur égale,
Peut saper et détruire, et la pente est fatale.
Aussi, bien qu'animé du zèle le plus beau,
Souviens-toi donc toujours, que le même flambeau
Peut porter l'incendie, autant que la lumière,
Que souvent il embrase, aussi bien qu'il éclaire.

EPITRE

AUX SŒURS DE CHARITÉ.

> La charité est patiente ; elle est pleine de bonté.
> (1re Épit. aux Corinth., XIII, 4.)

On est, pour le malheur, indifférent parfois :
Son cri trop répété nous rend sourds à sa voix,
Et la peur de répondre à de fausses misères
Nous en fait méconnaître, hélas: de trop sincères.
Quelques sages pourtant, loin d'un monde agité,
Ont, d'un dévouement pur, servi l'humanité...
Gravons, au premier rang, d'un trait ineffaçable,
De saint Vincent de Paul la figure ineffable ;
Or, de cette couronne acquise à son grand nom
Les Sœurs de charité sont le plus beau fleuron.

Filles de saint Vincent, vos mérites insignes
De votre fondateur ont su vous rendre dignes !
Des pauvres, en tous lieux, vous êtes bien les sœurs,
Et, de la charité fidèles précurseurs,
Votre seule présence adoucit leur misère :
L'aumône est, en vos mains, la semence prospère,
Le bon grain qui, semé dans le temps opportun,
Germe, se développe et produit cent pour un.
De vos frères souffrants, toujours sondant les plaies,
Qui pourrait mieux que vous discerner les plus vraies ?
Vous séchez bien des pleurs... Dans ses longs jours de deuil,
Vous suivez l'indigent de la crèche au cercueil.

Il retrouve partout votre aide qu'il réclame...
— A l'âge où la raison vient éclairer leur âme,
De l'abandon, du vice écartant le danger,
Que d'enfants vers le bien vous savez diriger !
La fleur, que la rosée anime et fait éclore,
Au souffle des autans languit, se décolore :
Tel serait le destin de tant de jeunes cœurs,

Sans vos douces leçons qui les rendent meilleurs :
Oui, de l'enfant instruit dans vos humbles écoles,
L'oreille s'habitue à de bonnes paroles ;
Il sait, guidé par vous, au chemin du saint lieu,
Respecter ses parents, travailler, craindre Dieu.
Parfois, près du bon grain, croît l'épine funeste ;
Mais de ce qu'on sut jeune une trace nous reste,
Et si tous ne sont pas conquis à la vertu,
Le bienfait, pour aucun, n'est tout à fait perdu.

Ah ! que ne pouvez-vous toujours de votre égide
Protéger vos brebis et leur servir de guide !
Quelques-unes du moins restent sous votre appui ;
Et telle, abandonnée, orpheline aujourd'hui,
Va, saluant demain une moins triste aurore,
Revoir en vous sa mère et la nommer encore..
— Mais quels nombreux écueils cernent de tous côtés
La fille pauvre et seule, au sein de nos cités !...
Lorsque chez l'ouvrière, un lien légitime
Vient la recommander à notre juste estime,

Et donne à son ménage aisance et bon accord,
Bénissons le succès conquis par son effort...
Mais s'il advient aussi que l'attente soit vaine,
La famille augmentant, si l'implacable gêne
S'est assise au foyer, vous arrivez à temps :
La mère est votre sœur, ses fils sont vos enfants
Ou vont le devenir, si leur père peut-être
Aigri, mal conseillé, s'abaisse à méconnaître
Un devoir qui lui pèse et dont il s'affranchit.
L'âge avance pourtant et la santé fléchit ;
Vient des infirmités le lugubre cortége
Qui surprend la vieillesse, et la suit et l'assiége ;
Ici, plus que jamais, anges consolateurs,
Vont se multiplier vos dons réparateurs :
De l'hiver, devant nous, le fantôme se dresse,
L'hiver, effroi du pauvre, a comblé sa détresse :
C'est un vêtement chaud, c'est un lit, c'est du bois
Dont il faut sans retard le pourvoir à la fois.
Compagne des frimas, survient la maladie :
A combien de douleurs il faut qu'on remédie !

Mais de tant de soucis et de rudes travaux
Le poids pour vous s'allége, en allégeant les maux.

Cependant, à la fin, vos moyens se réduisent,
Les besoins vont croissant, les ressources s'épuisent
Et manquent tout à fait... — Aux cris du désespoir
Que répondre? Que faire? Ah! bientôt on va voir
Qu'en vous la charité n'était pas lettre morte;
Non, vous irez plutôt quêter de porte en porte :
« Nos indigents ont faim,—direz-vous,— ils ont froid,
Ils souffrent : aidez-nous, par pitié... Dieu vous voit...»
Et ce n'est pas en vain, sublimes mendiantes,
Qu'en votre doux renom vous marchez confiantes :
L'offrande, à votre voix, abonde... Dès le soir,
Vous rendez à plus d'un la vie avec l'espoir.
Et bravant la fatigue, en montant à leur gîte,
C'est surtout de bonheur que votre cœur palpite.

Même à l'hospice, abri modeste mais certain,
Où le pauvre n'a plus la peur du lendemain,

Ne retrouve-t-il pas ses servantes fidèles,
Ses chères Sœurs, heureux de reconnaître en elles
Les bons anges gardiens dont tant de fois déjà,
A l'heure du besoin, la main les soulagea ?
Voyons-les opposer, près du vieillard malade,
Le calme patient à son humeur maussade,
Le remède à son mal, ou le pieux conseil
Qui peut changer sa mort en céleste réveil.
Admirons-les goûtant un charme évangélique,
Dans leurs soins assidus pour ce paralytique ;
Mais veiller sur l'aveugle est leur plus cher devoir :
C'est pratiquer le bien sans qu'il puisse le voir.
L'homme, s'il est privé du son, de la lumière,
Ne poursuit qu'à demi sa douteuse carrière :
Du doigt il cherche à voir, écoute en observant ;
Mais s'il perd la raison, ce cadavre vivant
N'est qu'une masse inerte, un marbre froid et blême,
Un corps qui trop longtemps se survit à lui-même...
L'enfant, du moins, objet d'un tendre dévouement,
Dans sa jeune mémoire en a le sentiment :

Son sourire le dit; mais cette vieille enfance
Ne nous exprime rien, pas même l'espérance !
La Sœur donne des soins pénibles, repoussants,
Autant aux plus ingrats qu'aux plus reconnaissants :
Ne se rebute pas des plus viles souillures,
Et loin de proférer ni plaintes ni murmures,
Ce calice est par elle avec joie accepté,
Comme un triomphe acquis à son humilité.
Que d'abnégation et de bienfaits sans nombre !
Que d'actes de vertu sont accomplis dans l'ombre !
Secourir la souffrance a pour vous tant d'attraits,
Qu'on vous vit affronter, doux messagers de paix,
Des révolutions les sanglantes batailles,
Afin d'en conjurer les tristes représailles.
Quand, par de tels fléaux, nous étions éprouvés,
Oh ! combien de proscrits furent par vous sauvés !
Protégeant les vaincus de nos luttes sanglantes,
Vous fîtes, de vos corps, des murailles vivantes (1);
Et bientôt renversés, tous ces vainqueurs d'un jour
Vous virent, dans leurs fers, les aider à leur tour.

Vous peindrai-je suivant notre vaillante armée,
Sur la rive africaine, au Bosphore, en Crimée,
Bravant tous les périls, et, dévouement profond,
Prenant pour champ d'honneur le lit du moribond?..
Étrangères toujours aux haines de la guerre,
Dans tout être souffrant, vous ne voyez qu'un frère;
Vous frappez de respect l'Islamisme étonné;
Devant vous, l'Anglais même, un jour, s'est incliné,
En déplorant tout bas, dans son patriotisme,
Qu'on ignorât chez lui ce genre d'héroïsme.

Le sentiment pieux, si rigide chez vous,
En tout temps vous laissait tolérantes pour tous.
La nuit où succomba ce merveilleux génie
Qui sut porter si haut l'art de la comédie,
Deux Sœurs s'agenouillaient auprès de son fauteuil,
Après l'avoir comblé de soins, leurs voix en deuil
Adressaient au Dieu bon une ardente prière,
Quand remontait vers lui l'âme du grand Molière!..

Anges de charité, que ne puis-je, à grands traits,

Célébrer dignement vos paisibles hauts faits !
Mais ce sincère hommage à la plus belle vie
Pèse, même incomplet, à votre modestie.
Quand le savant, l'artiste attend, de ses travaux,
Du profit, des honneurs et de justes bravos,
Quand du fier conquérant le burin de l'histoire,
En de pompeux récits, exalte la mémoire
Et mesure l'éclat qui décore son nom
Aux foudroyants effets du glaive et du canon...
— C'est dans l'obscurité que se complait et brille
De saint Vincent de Paul l'humble et vaillante fille :
Sa gloire est la vertu ; son but, la charité ;
Et son nom n'est inscrit que dans l'éternité !

NOTE.

(1) Cet acte héroïque a été accompli, notamment à Paris, en 1848, par la sœur Rosalie.

APOLOGUES ET CHANSONS

LES DEUX POINTS DE VUE

APOLOGUE

Deux avocats, un beau jour de vacance,
Roulaient, en vis-à-vis, dans l'étroite prison,
    Que l'on appelait *diligence*,
Et qui trop rarement justifiait ce nom...
  Ils pouvaient donc, bien que n'ayant à peine,
   A leur côté, qu'un pied carré de jour,
Voir les riants tableaux qui s'offraient dans la plaine,
Aux yeux de l'un d'abord, puis à l'autre à son tour.

Quoique maint avocat, fier d'un poumon robuste,
Ait quelquefois l'esprit enclin au préjugé,

Et plus contradicteur que juste,
Nos deux orateurs en congé
Admettaient, presque sans conteste,
Que les prés étaient verts, que le ciel était bleu ;
De la nature enfin le charme tout céleste
Les trouvait bien d'accord... et ce n'était pas peu ;
Et puis on n'était plus au palais... mais du reste,
Chez les meilleurs esprits, on rencontre souvent,
Grâce aux aspects divers, dissidence sincère.

Nos voyageurs cheminaient cependant,
L'un marchant toujours en avant,
Par conséquent l'autre en arrière ;
Quand soudain le premier dit, en apercevant,
Dans un site admirable, à cent pas de la route,
Un grand et beau château : — « Là réside sans doute
Un des vieux généraux sous l'Empire dotés :
Ces faisceaux, ces reliefs en retracent la gloire...
Tout disparaît, hélas ! grandeurs, revers, victoire ;
De ces vaillants soldats, de ces chefs si vantés

Il ne restera plus bientôt que la mémoire. »

Or ces murs, sur lesquels ses yeux sont arrêtés,
Vont s'éclipser aussi ; mais du voisin d'en face
Le regard, à son tour, est tendu vers la glace :
— « Oh ! qu'à ces noirs donjons de féodal aspect,
   Nos bons aïeux, dit-il, portaient respect !
C'est là qu'ils s'inspiraient d'exploits chevaleresques ..
Partout ces nobles tours tombent de vétusté :
     C'est à graver en vérité
     Dans nos Magasins pittoresques...
   — Plaisantez-vous? dit le voisin du fond,
C'est de ce siècle-ci, je l'ai vu, j'en réponds...
— Allons donc! vous rêvez, c'est du pur moyen âge. »

Déjà, de mots en mots, la querelle s'engage,
   Quand un vieillard assis près d'eux,
Magistrat du canton, revenant à son gîte,
  Les interrompt : « Messieurs, ici près je vous quitte
Mais avant, je puis dire, et m'en estime heureux,

Que vous avez raison tous deux...
Cet antique manoir a deux grandes façades :
L'une, vers l'orient, est du temps des croisades;
Mais il fut, au couchant, récemment reconstruit,
Et des temples païens le style est reproduit :
Dans ces deux points de vue est donc la différence. »

Des hommes clairvoyants peuvent, de bonne foi,
Tomber en désaccord... Convenez avec moi
Qu'il arrive souvent que l'on voit, juge et pense,
Selon sa place au monde... et dans la diligence.

LA VIGNE.

APOLOGUE.

In medio virtus.

Un amateur de jardinage
Était heureux lorsque dès le printemps,
Sa vigne au-dessus du treillage
Commençait à jeter de vigoureux sarments :
« Je me plais, disait-il, à voir ces jeunes pousses
S'agiter, s'ébattre à loisir :
Ce mouvement, ces vibrantes secousses
Doublent leur force et mon plaisir. »

D'un vigneron voisin il pouvait voir la treille

Sagement maintenue et taillée à propos,
Donner les meilleurs fruits, se trouvant à merveille
    De subir ce prudent repos.
  « Pauvres rameaux, que je plains le supplice
Qui vous retient encor dans l'immobilité ! »
Se disait l'amateur ; « au gré de leur caprice,
Je veux laisser les miens en pleine liberté. »
Dès le soir, cependant, un sinistre nuage
Obscurcit tout à coup l'azur de l'horizon,
Il s'étend, il s'approche et, recélant l'orage,
Semble nous étouffer dans sa noire prison...
Un flot poudreux bientôt s'élève, tourbillonne,
Et les vents déchaînés, du vallon au coteau,
Brisent, renversent tout : chaque éclair, qui sillonne
Le ciel, laisse entrevoir un désastre nouveau !...
Du sage vigneron, au fort de la tempête,
Les ceps nombreux, sans doute, avaient courbé la tête,
Mais furent, par ses soins, promptement redressés ;
Quand ceux de l'amateur, trop facile conquête,
Par l'affreux ouragan rompus, bouleversés,

Jonchaient au loin le sol de débris dispersés...

Tel un père imprudent, en sa folle tendresse,
Cède à tous les penchants d'un enfant trop aimé :
Il veut le rendre heureux, sa coupable faiblesse
Aux orages futurs le livre désarmé.

LA JEUNE FEMME ET LES ABEILLES.

APOLOGUE.

Si l'amour s'en va, que l'amitié reste.

« Vite, mon père, venez vite !
Vos abeilles, qui, ce printemps,
Employaient si bien tout leur temps,
Sont en révolte, et dans leur gîte
Un groupe se fait agresseur,
Pour chasser l'autre avec fureur !
— Hélas ! je ne puis rien, ma fille,
A ces querelles de famille.
Cet insecte, vois-tu, vit en société,
Et ce groupe si maltraité,

Ce sont les mâles de l'espèce ;

Car à présent que les œufs sont pondus,

Les femelles n'en veulent plus.

On les méprise, on les délaisse,

On les pique pour tout de bon,

Et chaque abeille, reine aussi bien qu'ouvrière,

Au travail seul désormais tout entière,

Déclare enfin guerre à mort au bourdon.

Ne l'as-tu pas lu dans Buffon?

Observe quel instinct. — N'achevez pas, mon père,

C'est un instinct cruel ; mais quel prétexte vain

Fait d'une amante de la veille

Un ennemi du lendemain?

J'admirai souvent chez l'abeille,

De l'ordre, du travail la frappante merveille :

Je n'aperçois plus maintenant,

Dans cette frêle créature,

Qu'un contre-sens de la nature...

— Ma fille, tu vas loin ; pourtant

J'aime à voir ce mépris qu'exprime ton langage.

Souviens-t'en bien dans un autre âge :
Loin de jamais froisser l'époux dont tu fis choix,
Quand trop vite auront fui ces beaux jours de jeunesse,
Rends-lui doux des liens de plus en plus étroits :
Et sache bien qu'unis, nous portons mieux le poids
Des maux que bien souvent réserve la vieillesse;
Mais des premiers amours quand l'illusion cesse,
De la sainte amitié conservons les bienfaits. »

D'un malheureux penchant déplorant les embûches,
Puissions-nous, sur ce point, ne retrouver jamais,
    Dans la chaumière ou le palais,
    Les mœurs inconstantes des ruches !

LE JOUR DE L'AN.

APOLOGUE.

> Vous êtes orfèvre, Monsieur Josse

Un enfant, plein de joie au début de l'année,
S'écriait, en sautant hors du lit, d'un seul bond :
« Debout, Charlot ! salut à l'heureuse journée ! »
Le dormeur ouvre l'œil, et tout pensif, répond :
« Eh bien ! qu'as-tu, Louis, à crier de la sorte ?
— Quoi ! ne te sens-tu pas comme moi tout ému,
Et charmé qu'à la fin ce grand jour soit venu ?

— Ah ! le jour de l'an... peu m'importe !
— Tu veux rire, va, je comprends...
— Je parle tout de bon. — Non, ce n'est pas possible :

Tu ne saurais être insensible,
Quand il s'agit d'embrasser nos parents
— Loin de moi, frère, cette idée ;
Mais, sans que le devoir nous en fasse une loi,
Cette faveur nous est, chaque jour, accordée.
— Aujourd'hui c'est bien mieux, conviens-en avec moi..
A-t-on quelques talents, on leur en fait hommage :
On récite des vers, on crayonne une page...
— Nous y voilà !... comme un pauvre ouvrier,
Tu donnes, d'une main, un plat de ton métier,
Et de l'autre, déjà cherches ta récompense...
Tiens, pour me refroidir, ce point seul est assez :
Il en est tant, de vœux intéressés,
Que, si cela n'est pas, je crains qu'on ne le pense !
— Ton discours m'étonne... pourtant
Tu vois toujours, d'un air content,
La fête de notre bon père ;
Tu ressens un plaisir sincère,
Quand vient celle de notre mère,
De grand-papa, de grand'maman...

Mais la fête du jour de l'an,

Ne pouvons-nous pas, à la ronde,

La souhaiter à tout le monde?

Ah! que ce jour est beau : quant à moi, je voudrais

Qu'il vînt dix fois par an !...—Moi, qu'il ne vînt jamais. »

Voilà le tableau de la vie :

Petits ou grands rarement sont d'accord...

Pourquoi donc ce que l'un envie,

Souvent, par l'autre, est-il blâmé si fort?...

De l'égoïsme humain ces enfants sont l'image :

Louis a bien raison ; on devine aisément

Qu'il a fini son paysage ;

Et, pour ses intérêts, Charlot n'est pas moins sage :

Il ne sait pas son compliment.

LE BOITEUX.

APOLOGUE.

C'est chose au monde la plus rare
Chez notre pauvre humanité,
Qu'un esprit sans rien de bizarre
Dans un corps sans difformité ;
Tel pourtant profite ou se pare
Même de son infirmité.
Je veux, parmi d'autres exemples,
Citer quelqu'un que j'ai connu :
La nature l'avait pourvu
Des perfections les plus amples :
Intelligence, esprit, raison,

Santé, force et maint autre don.
Mais pourtant, il faut bien le dire,
Il boitait d'horrible façon :
Trois pouces n'auraient pu suffire
A régulariser ses pas ;
Dans son mouvement haut et bas,
Sa marche ne le cédait pas
Au plus fort roulis d'un navire.
On est bien doté, de nos jours,
D'inventions orthopédiques
Pour redresser les os obliques,
Rallonger ceux qui sont trop courts :
Mais il voulait garder sa jambe
Dans son inégale longueur,
Et la prisait comme un bonheur,
Sans souci d'être moins ingambe :
Il disait : « Nous rencontrons tous
Plus grands et plus petits que nous...
Quand l'ambition nous travaille,
Près d'un puissant faut-il qu'on aille,

S'il est moins que nous haut de taille,
En courtisans nous ployons les genoux...
Plus aisément ma stature est restreinte,
Et je me tire aussitôt d'embarras :
Je me raccourcis sans contrainte,
En me posant sur mon pied le plus bas.
Une autre fois, changeant de rôle,
De protégé devenant protecteur,
Peut-être du solliciteur
Je n'irais pas jusqu'à l'épaule...
Sur ma jambe à grande longueur,
Pour l'écouter en ce cas je me hisse,
Sachant ainsi me mettre à la hauteur
Que veut mon rôle, mon office. »
Bref, par ce vieux dicton,
L'histoire sera close :
A quelque chose
Malheur est bon.

L'OLYMPE ENDOLORI.

Air de la *Fanfare de Saint-Cloud*.

Esculape a fort affaire
Chez tous les dieux à la fois ;
Un cas extraordinaire
Met sa science aux abois...
Qui traite gent immortelle,
De la tuer n'a pas peur...
Ah ! l'heureuse clientèle
Pour notre divin docteur.

De tous les maux de la terre
Le ciel se voit infecté :
Le vieux Saturne a la pierre ;

Certe, il l'a bien mérité ;
Jupiter est, par son aigle,
Blessé d'un grand coup de bec,
Et de cette cure en règle
Vient, dit-on, l'onguent *du Bec*.

Junon, pour ses humeurs noires,
Va prendre un sirop calmant ;
Vénus aux vésicatoires
Redevra son teint charmant ;
Pour le clyso d'ordonnance,
Mars pose lance et drapeaux,
Et, pour trop d'intempérance,
Bacchus va prendre les eaux.

Morphée a perdu l'usage
Du moindre instant de sommeil ;
Apollon, en plein visage,
A pris un coup de soleil ;
Cupidon est dans la mue,

Et d'une aile estropié ;
Et Diane, courbattue,
Boite avec son *cor* au pied.

Melpomène a la bronchite :
Thalie a perdu l'esprit,
Au fier époux d'Amphitrite
Le bain de siége est prescrit ;
Terpsichore a, d'une entorse,
Attristé son dernier bond,
Et Vulcain en vain s'efforce
D'aplatir sa bosse au front.

D'Uranie une comète
Hier a brûlé les mains,
Et de Clio la trompette
Pousse des sons incertains ;
Plutus, que la fièvre énerve,
Végète en s'appauvrissant,
Et la très-sage Minerve,
Hélas ! est en mal d'enfant.

Orphée, au quart pulmonique,
Est au sel ammoniac ;
Comus, d'un grain d'émétique,
Dégage son estomac ;
Flore, à la fraîche toilette,
Contre les pâles couleurs,
De mauve et de violette
Doit faire infuser les fleurs.

C'est de frisson que *grelotte*
Momus, jadis si joyeux ;
Du pauvre Argus la cocotte
Enfle et rougit tous les yeux ;
Hercule, en paralysie,
Est de ses membres perclus,
Et Mercure, en étisie,
Ne marche et ne *vole* plus.

De préparer maint remède
Iris apprend le métier ;

Et l'aimable Ganymède
De l'Olympe est l'infirmier;
D'Hébé le printemps se fane
Sous un affreux cauchemar,
En versant de la tisane
Dans la coupe du nectar.

ON CHANTE A TOUT AGE,

COUPLETS DE FAMILLE
DÉDIÉS A Mme VEUVE LANDON VERNON.

Air : *Va-t-en voir s'ils viennent.*

Pour certain péché, jadis,
  Ève, notre ancêtre,
Du terrestre paradis
  Perdit le bien-être ;
Mais prouvons par ce refrain,
  Si l'on s'en contente,
Que, malgré peine et chagrin,
  A tout âge on chante.

Un roi, joyeux cavalier,
   Tout près d'être père,
Disait d'un ton familier
   A la jeune mère :
« Laissant, à ce moment-là,
   Plaintes déchirantes,
Femme, en me rendant papa,
   Je veux que tu chantes. »

A tant de docilité
   On a peine à croire ;
Cependant elle a chanté,
   Rapporte l'histoire !...
Mais le nouveau-né, dit on,
   Crie et se lamente...
Moi, je crois qu'à sa façon
   En naissant il chante.

L'âge heureux qui, sous la fleur,
   Ne voit pas d'épines,

Unit petits frère et sœur,
    Cousins et cousines...
Que, sous un astre fécond,
    En nombre ils augmentent,
Et bientôt, dansant en rond,
    Tous ensemble ils chantent.

Quand arrivent les beaux jours,
    La tendre fauvette
Chante ses chères amours,
    Et mainte fillette
Prête à la douce chanson
    Oreille innocente;
Mais son cœur, à l'unisson,
    Avec l'oiseau chante.

Enfin le moment viendra
    D'entrer en ménage :
A l'église on chantera
    Pour le mariage...
Puis, de l'accord pour goûter

La suite constante,
Quand Madame veut chanter,
 Faut bien qu'Monsieur chante.

Grand-père, trente ans après,
 Dit : « Trop de toilette
Vous nuit, fille, point d'apprêts,
 Soyez moins coquette ;
Mieux vous sied simple jupon
 Que robe bouffante... »
— C'est, en prêchant ce sermon,
 Comme si l'on chante.

Avec ses quatre-vingts ans,
 Bisaïeule aimable
Réclame du bon vieux temps
 La chanson de table :
N'osant mêler au chorus
 Sa voix tremblotante,
Bien qu'on ne l'entende plus,
 Tout bas elle chante.

LES REVES.

*Air de Ninon chez Mme de Sévigné,
ou : J'ai vu le Parnasse des Dames*

Bon laboureur, avant l'aurore,
Déjà tu creusais ton sillon,
Et ton bras nerveux tient encore
Le soc pesant et l'aiguillon :
Sous l'horizon le soleil plonge,
Il faut au logis revenir...
— Bon soir et bon sommeil sans songe :
Tant d'autres rêvent sans dormir !

Loin des intrigues de la ville,
Sans mécomptes ambitieux,
Un travail rude, mais tranquille,

Mouille ton front et non tes yeux.
Pour d'autres, la nuit se prolonge
A s'égarer dans l'avenir...
— Bon soir et bon sommeil sans songe :
Bien des gens rêvent sans dormir !

Gentille et bonne ménagère
Doit suffire... Un autre veut plus ;
Et trop exigeant il espère
Unir aux attraits les écus.
Mais Pandore est presque un mensonge,
Si peu savent la découvrir...
— Bon soir et bon sommeil sans songe :
Bien des gens rêvent sans dormir !

Nos fils, le sac au dos, sans peines,
Partent... car nos jeunes héros,
En perspective capitaines,
Pourront bien passer généraux :
La Gloire conduit par la longe

Leur coursier qui va tout franchir...
— Bon soir et bon sommeil sans songe :
Bien des gens rêvent sans dormir !

Plaignons ces trop nombreux poëtes
Qui risquent bien-être et santé,
Et vivraient en anachorètes,
Pour prix de la célébrité.
Ils croient dans l'ardeur qui les ronge,
Que leur nom ne doit plus périr...
— Bon soir et bon sommeil sans songe :
Bien des gens rêvent sans dormir !

Pourvu qu'il mène à la fortune,
Tout chemin est bon, dit Mondor,
Ses dupes même, sans rancune,
Vont admirer ses monceaux d'or.
Le succès passera l'éponge
Sur les moyens de s'enrichir...
— Bon soir et bon sommeil sans songe :
Que de gens rêvent sans dormir !

LA CINQUANTAINE.

A L'OCCASION DES CINQUANTE ANNÉES DE MARIAGE
DE M. C. GAVET.

Musique d'Edmond d'Ingrande.

Cinquante est un beau numéro ;
Du demi-siècle c'est l'étape :
Oui, du siècle, après ce zéro,
Déjà la moitié nous échappe.
Là, Janus, comme en haut d'un mont
Qui domine l'immense plaine,
Contemple, sous son double front,
Et l'une et l'autre cinquantaine.

Les dames, parmi tant d'attraits,

Qui nous captivent à tout âge,
Du temps ont pour braver les traits,
L'esprit et la grâce en partage.
Pourquoi donc de quelques printemps
Supprimant la date certaine,
N'avouer jamais quarante ans,
Et moins encor la cinquantaine ?

Les sectateurs de Mahomet
Poussent un peu trop loin les choses :
Dans leurs jardins, sa loi permet
Autant de femmes que de roses;
Donc, maint pacha ne compte plus
Ses rejetons qu'à la centaine...
Du moins, le père Danaüs
Se bornait à la cinquantaine.

De partager ainsi le cœur
Notre raison est peu jalouse :
Pour assaisonner le bonheur,

Il suffit d'une seule épouse.

Fussions-nous princes, même rois,

Suivant une règle plus saine,

Nous n'aimons l'hymen plusieurs fois

Qu'en célébrant la cinquantaine.

Dix lustres d'étroite union

Sont un bien rare privilége;

Et triple génération

Forme un intéressant cortége.

Heureux époux, longtemps encor

Partagez et plaisir et peine,

Pour célébrer les *noces d'or*,

Les noces de la cinquantaine (1).

NOTE.

(1) Les Allemands disent, au bout de 25 ans de mariage :

« Die silbere Hochzeit. » Les noces d'argent.
       Au bout de 50 ans :
« Die goldene Hochzeit. » Les noces d'or.

LES DÉGUISEMENTS.

Air : *Si le sultan Saladin* (Richard Cœur-de-Lion)

Arrive le carnaval,
Et plus d'un original
Va s'affubler d'un costume,
De cette vieille coutume
Restant fidèle gardien...
    C'est bien, fort bien,
Cela ne nous blesse en rien ;
Aux jours gras, chacun à sa guise,
    On se déguise.   (*bis.*)

Maint courtisan bien câlin
Revêt l'habit d'Arlequin ;

Des Pierrots la foule abonde :
Ils sautent pour tout le monde,
Comme Paillasse et son chien...
    C'est bien, fort bien, etc.

Un monsieur très-comme il faut
S'accoutre en simple Jeannot,
Pour que Madame, en sultane,
Plus à l'aise se pavane,
Avec un luxe indien...
    C'est bien, fort bien, etc.

Un jeune et frais héritier,
Sous le frac du financier,
Polke avec certaine actrice
Qui, travestie en novice,
Ne s'attache plus qu'au bien...
    C'est bien, fort bien, etc.

L'élégante en Mère Angot,
Arrondit son camelot,

Si bien que, dessous sans peine,
De marmots une dizaine
De loger auraient moyen.
       C'est bien, fort bien, etc.

Un maladroit cavalier
Se drape en François premier;
Une bourgeoise, en marquise,
De noblesse fraîche acquise
Prend le ton et le maintien...
       C'est bien, fort bien, etc.

De la Bourse un riche agent
Scintille en Diable d'argent;
Plus loin, maint actionnaire,
Dans un beau Robert-Macaire,
Croit reconnaître l'ancien...
       C'est bien, fort bien, etc

A mince administrateur
Le manteau d'un grand seigneur;

Pour femme jeune et jolie,
Du sceptre de la Folie
Sonne le grelot païen...
   C'est bien, fort bien, etc.

De très-honnêtes marchands
Se griment en charlatans,
Ou promènent la réclame
D'une enseigne en oriflamme,
Sur un char olympien...
   C'est bien, fort bien, etc.

Ces petits déguisements
Plaisent tant à bien des gens
Que, mascarade obstinée,
Chacun d'eux, toute l'année,
Veut encor garder le sien ..
   C'est bien, fort bien,
Puisque nous n'y pouvons rien :
Qu'ici-bas, chacun à sa guise,
   On se déguise !   (*bis.*)

ILLUSION ET RÉALITE.

Quand le soir, près de mon flambeau,
Je relis Molière ou Boileau,
   S'échauffe ma cervelle:
Mais, si je veux rimer comme eux,
Phœbus rit du présomptueux :
Le papillon se brûle à la chandelle.

Certain auteur est plein d'espoir
Dans son vaudeville bien noir,
   A la façon nouvelle :
Mais le lustre vient l'éclairer...
Chacun bâille au lieu de pleurer:
Le papillon se brûle à la chandelle.

Jadis l'imprudente Psyché
Voulut voir Cupidon couché,
   Et dormant sur son aile.
La pauvrette, en réalité,
Paya sa curiosité :
Le papillon se brûle à la chandelle.

Fille débute à l'Opéra,
Et promet qu'elle restera
   De sagesse un modèle,
Mais de la rampe le reflet
Anéantit ce beau projet :
Le papillon se brûle à la chandelle.

Un Lovelace séducteur,
Sans laisser captiver son cœur,
   Vole de belle en belle ;
Soudain un regard langoureux
Tout de bon le rend amoureux :
Le papillon se brûle à la chandelle.

Après dîner, maint franc buveur
Du punch voit briller la lueur,
    Quand sa raison chancelle.
Il en avale un bol entier,
Et devient sot comme un panier:
Le papillon se brûle à la chandelle.

Plus loin ce sont de fins gourmets;
De plaisir, devant un bon mets,
    Leur visage étincelle.
Bien vivre est leur ambition ;
Ils meurent d'indigestion :
Le papillon se brûle à la chandelle.

Souvent ainsi nos passions,
Nos désirs, nos illusions
    Nous troublent la cervelle.
Ce qui nous paraît le bonheur,
N'est qu'une source de douleur,
Le papillon se brûle à la chandelle.

LA FEMME COMME JE LA VEUX.

Ah! si jamais du mariage
Je contracte le doux lien,
Je veux prendre une femme sage,
Sans exiger beaucoup de bien;
Je veux qu'elle soit jeune et belle,
Mais qu'elle ignore ses appas;
Surtout qu'elle me soit fidèle...
Je la veux comme il n'en est pas.

Je veux qu'elle soit sans caprices,
Dans ses devoirs comme au plaisir;
Franche envers moi, sans artifices,
Qu'elle ignore l'art de mentir.

Qu'elle ne soit jamais coquette
Ni jalouse dans aucun cas ;
Que toujours elle soit discrète...
Je la veux comme il n'en est pas.

Qu'elle ait, pour combler mon ivresse
De l'esprit et de la douceur ;
Sans vouloir être ma maîtresse,
Qu'elle m'aime de tout son cœur...
Mais dans ce siècle d'inconstance,
Où peut-on la trouver, hélas !
Certes elle est rare, je pense,
Mais, peut-on dire : il n'en est pas ?

COUPLETS DE FAMILLE

DÉDIÉS A MADAME VEUVE LANDON-VERNON.

Air : *Faut-il donc...* (de TACONNET.)

Comme l'âge nous chasse,
Comme on voit tout fuir chaque jour,
Comme ça vient, comme ça passe :
Ici-bas chacun à son tour.

Quand le tendre enfant bégaye
Ces doux noms : Maman, Papa,
Son sourire nous égaye,
Mais semble dire déjà :
  Comme l'âge nous chasse, etc.

Saison trop vite échappée !..
Seize printemps sont venus
L'avertir qu'une poupée
Hélas ! ne lui suffit plus...
   Comme l'âge nous chasse, etc

Bientôt s'accroît la famille,
Et grand'mère pourrait bien,
Berçant l'enfant de sa fille,
Croire encor tenir le sien.
   Comme l'âge nous chasse, etc.

Puis la bisaïeule aimable
Avec bonheur voit en paix,
Unis autour de sa table,
Tous les heureux qu'elle a faits !
   Comme l'âge nous chasse, etc.

O temps, s'il faut que tu marches,
Laisse-nous vieux, mais contents.

A l'instar des patriarches,
Chanter encore à cent ans !
 Comme l'âge nous chasse,
Comme on voit tout fuir, chaque jour,
Comme ça vient, comme ça passe,
Ici-bas chacun à son tour.

CADET BUTEUX A LONDRES. (1)

Air : *J'arrive à pied de province.*

Voulant juger d' l'Angleterre
  Les grandes cités,
J'affrontai de l'onde amère
  Les flots redoutés.
Mais quel brouillard m'environne,
  Et quel bruit d'enfer !
On pourrait, Dieu me pardonne,
  S' croir' chez Lucifer.

Bref, au milieu du nuage,
  J'en gobe ma part ;

Mais ici quel chien d' tapage
   Vient s' joindre au brouillard !
Sur ces trottoirs où j'évite
   Tout l' monde avec soin,
Comme on r'connaît ben tout d'suite
   L' pays du coup d'poing.

Sur ce fiacr' ben plus haut qu'large
   Quels pesants fardeaux.
Devant, derrière, oh ! quell' charge,
   Pour ces pauv' chevaux !
Quand j' vis, près d'un'femm' su'l'siége,
   C't'autre original
Souffler d' la corne : ah ! criai-je,
   C'est donc l'carnaval (2).

Mais quel bruit ! c'est la trompette
   Du jug'ment dernier ?
Non c' n'est qu' les crieux d'gazette
   Qui sont dans l' quartier (3).

Ah ! j'espèr' que si l'armée
　Cueill' quéqu' beau laurier,
Elle a plus d'un'renommée
　Pour le publier.

Des lampist' v'là la séquelle
　Qui court le galop ;
Quand j' les vois, sur leur échelle,
　Monter à l'assaut,
M' transportant, sans qu'ça paraisse,
　D' Londre au champ troyen,
J' crois voir les héros d' la Grèce,
　La torche à la main.

Admirez ces réverbères ;
　Ils sont si brillants,
Qu'on distingue à leur lumière
　Qu'y a pas d'huil' dedans.
Mais on prend c'te m'sure utile
　D' peur, oh ! quel bon tour !

Qu'i n' fass' plus clair dans la ville,
   La nuit que le jour.

C' qu'est d'un ben grand avantage
   Pour les gentlemen,
C'est dés oiseaux à ramage
   Qu'on appell' Watchmen :
Car si par malheur j' rencontre
   Quéqu' mauvais sujet,
Aussitôt que j' n'ai plus d' montre,
   I m' dis' l'heur' qu'il est (4).

V'là d' la maison des communes
   Les élections :
Chacun fait d' trognons, d' légumes
   Des provisions ..
D' l'orateur en plein visage
   On les jett' tout crus :
C'est ainsi qu'il est d'usage
   D' marquer les élus.

On prétend, qu'autour du globe,
　　Il est plus d'un grand
Qui, s'env'loppant d'un' grand' robe,
　　Paraît plus savant ;
On pense à ça quand on r'luque
　　L' lord-maire et l'on s' dit :
Il doit, sous c'te gross' perruque,
　　Avoir ben d' l'esprit.

Les Français sont tous esclaves
　　D' leurs autorités ;
Mais Londres n' voit point d'entraves
　　A ses libertés.
Chantons d'une gaîté franche
　　Ce bien si vanté...
Mais chut ! on n' chant' pas l' dimanche ;
　　Viv' la liberté !

Sur Paris y a quéqu' satire
　　D'un monsieur Boileau,

Mais il eût avant d' l'écrire,

   Dû traverser l'eau.

Des poët' on dit qu'il est l' prince,

   Eh ben ! sur ma foi,

Par ce p'tit chang'ment d' province,

   Il en s'rait le roi.

NOTES.

(1) Cadet Buteux, ce personnage populaire, fictif, imaginé par Désaugiers. Cette boutade a été composée, il y a plus de cinquante ans, et ne pourrait plus s'appliquer à la capitale actuelle de l'Angleterre.

(2) Dans les diligences, en Angleterre, les deux tiers des voyageurs sont au bel air. Les cochers ne claquent pas comme les nôtres, mais le conducteur a une longue trompette qui fait ranger les passants et les voitures et préparer les relais.

(3) Les crieurs de nouvelles ont aussi de longues trompettes, et allant toujours par bandes de trois ou quatre font un bruit insupportable.

(4) Les hommes du guet criaient alors toutes les heures de la nuit.

LES OREILLES.

Air : *Lisette, à l'âge de quinze ans.*

En voyant un gros manuscrit
L'auditoire fait la grimace,
Et plus l'œuvre manque d'esprit
Plus il en faut dans la préface ;
Des incrédules obstinés,
Bien qu'on leur promette merveille,
Pour mettre en un livre leur nez,
Se font encor tirer l'oreille.   (*bis.*)

Si, dans le cours d'une oraison,
Plus d'un lourd sophisme nous frappe,
De mots sans rime ni raison

Si le sens même nous échappe,
Prenons patience en tout cas;
Et, soit qu'on s'endorme ou qu'on veille,
On peut, si ça n'amuse pas,
Faire du moins la sourde oreille. *(bis)*.

On connaît ce malin tableau,
Nommé le sermon de Pontoise,
Où le pasteur, à son troupeau
Dit, d'une façon peu courtoise:
« Je sa's que l'une d'entre vous,
— Plaise à Dieu qu'un remords l'éveille! —
Est infidèle à son époux... »
— Et toutes se grattent l'oreille. *(bis)*

Un cadi, chez le Grand-seigneur,
Fait clouer au mur, sans remise,
Par les oreilles, tout vendeur
Qui trompe sur sa marchandise.
Ah! chez nous, quel émoi, quel train,
Si chaque fraudeur de la veille,

Riche à ce prix..., le lendemain,
Était accroché par l'oreille ! *(bis.)*

Un comédien de talent,
Victime, un jour, d'une cabale,
Des combles au parterre, entend
Cris et sifflets remplir la salle.
— « Plus haut...! », lui dit-on... Lui, plus bas,
Indigné de fureurs pareilles,
Reprend : « Mais n'entendez-vous pas,
Avec de si grandes oreilles? » *(bis.)*

L'auteur d'une pauvre chanson,
Qui d'être applaudi meurt d'envie,
Mériterait, pour sa leçon,
Qu'on sifflât sa métromanie ;
Mais, d'arrêter là mon refrain,
La discrétion me conseille,
Heureux qu'on m'ait jusqu'à la fin,
Sans murmurer, prêté l'oreille. *(bis.)*

LE TRAIN DE PLAISIR.

Tout nous présage
Le plus doux loisir,
Dans un voyage
En train de plaisir.

Le pauvre comme le riche
De voyager n'est plus chiche.
Il suffit de voir l'affiche
De tous nos chemins de fer.
Vraiment c'est une trouvaille :
Pour le prix, vaille que vaille,
Au lieu des eaux de Versaille,
Voyons celles de la mer.

J'ai pris mon billet d'avance;
En règle avec l'ordonnance,
A dix heures je m'élance
A travers le macadam ;
Car de peur qu'on ne l'oublie,
Le programme nous convie
A nous rendre en Normandie,
Par la place d'Amsterdam.

Tout le monde arrive en masse;
On nous parque, on nous entasse
Dans l'insuffisant espace
Des trois salles de départ ;
Mais, si bien qu'on nous empile
Au nombre de plus de mille,
En dehors on prend la file,
Jusqu'à minuit moins un quart.

On se récrie, on s'emporte,
Le chef va chercher main-forte.

En voyant céder la porte
Sous ces torrents débordés ;
Perdant chapeaux, gibecières,
On renverse les barrières :
Wagons, secondes, premières
Sont ensemble escaladés !

Témoin de cette anicroche,
L'inspecteur à nous s'accroche,
Et veut qu'on tire de poche
Le billet bleu, rouge ou gris ;
Mais il y perdra sa thèse :
Peut-on se fouiller à l'aise,
Quand on s'est emballé treize
Au compartiment de dix ?

Il faut donc que l'on subisse
Cet examen subreptice,
Avant que l'on applaudisse
Au fameux coup de sifflet...

Puis la vapeur nous entraîne
Si bien que l'on peut à peine
S'élancer, sans prendre haleine,
Sur quelque maigre buffet.

Moulus, crispés, non sans cause,
Quand vient la dernière pause,
Il faut pourtant qu'on appose
Aux billets mille visas...
Après cette longue trêve,
Enfin le verrou se lève
Et nous courons sur la grève,
Rêvant copieux repas.

Nous allons, criant famine,
En quête d'une cuisine,
Poussés par la faim canine
Qu'exalte le vent de mer...
Après ce travail de nègre,
Nous noyons dans un vin aigre

Un déjeuner assez maigre,
Et que nous payons bien cher.

Mais cet air pur nous ranime...
Que ce spectacle est sublime !
A ce tableau grandissime,
D'ivresse on est transporté...
Nous gravissons, de la plage,
Le majestueux rivage
D'où l'œil perce le nuage
Qui voile l'immensité.

Voyez que la vague est belle !
La coquette nous appelle
A bercer notre nacelle
Sur le perfide élément..
La brise, qui vient de terre,
Rendra la course légère.
Allons, vogue la galère !
Et mettons la voile au vent

La parole en est donnée :
Pour un quart de la journée,
Livrons notre destinée
A ces braves matelots.
Nous suivons d'un œil avide
La manœuvre qui nous guide,
Et, d'une marche rapide,
Nous balance sur les flots.

Mais l'air fraîchit : à la brune
Se mêle une froide écume.
Il semble que je m'enrhume,
Ou du moins, j'en ai bien peur.
J'entends mon voisin qui tousse,
Et, pauvres marins d'eau douce,
Nous sentons chaque secousse
Qui nous barbouille le cœur.

Lutter contre un vent contraire
Serait chose téméraire...

Abrégeons l'itinéraire.
Mais, quand nous virons de bord,
Le capricieux Borée
Nous fait manquer la marée :
Ce n'est que dans la soirée
Qu'on pourra rentrer au port.

Trois heures de quarantaine,
C'est bien long, quand on promène,
L'un, son affreuse migraine,
L'autre, d'horribles frissons.
Nous voulons nous en défendre,
Mais, dût la gorge se fendre,
A grands efforts il faut rendre
Notre repas aux poissons.

Grâce à Dieu, le phare éclaire
La fin de notre misère !
Oh ! qu'en mettant pied à terre,
Le repos nous sera doux !

Cet espoir nous abandonne ;
Car le train n'attend personne,
Et de la cloche qui sonne
On entend les derniers coups.

Enfin, bien que peu valides,
Estomacs creux, teints livides,
De la tête aux pieds humides,
A la gare nous courons :
Puis rêvons, remis en cage,
Presse, diète et tangage :
Impressions de voyage
Dont bien nous nous souviendrons.

Rien ne présage,
A nouveau loisir,
Autre voyage,
En train de plaisir.

LE RETOUR DU 17ᵐᵉ LÉGER EN 1844.

Air des tambours qui battent un ban.

Après dix ans de course en de lointains climats,
A Marseille on attend des marins, des soldats.
Hélas ! combien d'entre eux qui gaîment sont partis
Et ne reverront plus leurs parents, leurs amis !
A ceux qui ne sont plus, allons, battons un ban.
    Plan, plan, plan, plan, rataplan,
        Rataplan.

Sur le port, un marin regarde à l'horizon,
Les flottantes couleurs du noble pavillon.
C'est qu'Étienne, son fils, doit arriver d'Alger,

Avec son régiment, dix-septième léger.
Aux braves Africains, allons, battons un ban.
    Plan, plan, etc.

Écoutez le canon;... ils entrent dans le port...
On débarque... En avant, clairons, sonnez bien fort!...
D'Aumale est à leur tête, et chacun en est fier;
Il marche, d'un pas ferme, et la moustache en l'air...
Au jeune colonel, allons, battons un ban.
    Plan, plan, etc.

Jeunes conscrits naguère au'ourd'hui vétérans
Avec l'air martial et l'aplomb dans les rangs,
Tous ces braves marins sont la fleur du pays...
Venez, vieux loups de mer, venez revoir vos fils.
A ce beau régiment, allons, battons un ban.
    Plan, plan, etc.

Pendant le défilé, le bon père a, sur eux,
Pour reconnaître Étienne, en vain porté les yeux...

On fait halte !... aussitôt de ces jeunes soldats
Il explore la ligne..., et ne le trouve pas.
« Au drapeau, dit le chef, tambours, battez un ban ! »
    Plan, plan, etc.

Par trois fois, dans les rangs, le marin cherche en vain :
L'absence de son fils est un fait trop certain.
« S'il est beau de mourir pour la France et son Roi,
Je devais, mon Étienne, y passer avant toi !
C'est donc en ton honneur qu'il faudrait battre un ban. »
    Plan, plan, etc.

Déjà le colonel remarquait ce vieillard ;
Sur lui le nom d'Étienne attire son regard ;
Il s'arrête, et soudain, l'ayant fait approcher,
Va tarir une larme impossible à cacher.
« Attends un peu, dit-il... Tambours, un second ban !
    Plan, plan, etc.

Dans les rangs, ton fils manque, oui ; mais ce lieutenant,

C'est lui; vois, on le fait capitaine à l'instant!...
— Capitaine, mon fils!... Non, je ne rêve pas... »
Et le bel officier est déjà dans ses bras...
Leurs cœurs, à l'unisson, battent un double ban
    Plan, plan, plan, plan, rataplan,
            Rataplan.

MÉLANGES

LES DEUX COMPÈRES.

ANECDOTE.

En objets d'art maint brocanteur
Parcourt la campagne et la ville,
Flairant quelque honnête amateur
Qu'à duper il trouve facile :
Entre autres rapportons un tour
Où tout l'attrait du genre éclate.

Un de ces furets, un beau jour,
Sut qu'un décès de fraîche date
Avait fait un riche rentier
D'un collatéral héritier
D'intelligence fort épaisse...

Au parvenu de cette espèce
Servir un plat de son métier
C'était beau jeu : donc il arrive
Au domaine; après compliment
Sur la splendeur du bâtiment,
Du sité, de la perspective,
Il s'informe très-poliment
S'il n'est pas quelques antiquailles,
Curiosités, oripeaux,
Ou bien de ces poudreux tableaux
Qui parfois, dans les vieux châteaux,
Pourrissent le long des murailles :
« Les vieillards, dit-il, ont le tort
De conserver des vieilleries :
Ces ridicules galeries
Ne sont que de l'argent qui dort...
Je sais de bonnes créatures,
Originaux de moi connus,
Qui prendraient de piètres peintures
En échange de beaux écus,

— J'en ai comme une cinquantaine,
De ces tableaux, fit l'héritier,
Soit au salon, soit au grenier.
— Parbleu! pour vous c'est une aubaine,
Et pour traiter j'ai plein pouvoir,
Répond notre homme, allons les voir! »
Ils entrent, chacun dans l'espoir
De se trouver en bonne veine.
Examinant tout avec soin,
Sans délai notre bon apôtre
En place une part dans un coin,
Et dans un autre coin met l'autre :
« J'offre, dit-il, du premier lot
Vingt mille francs, au dernier mot
Puis se retournant il ajoute :
« Ce second lot est, sans nul doute,
Bon à brûler comme un fagot... »
Marché conclu, l'acquéreur donne
Un à-compte de cinq cents francs.
Puis, « je vais, dit-il, en personne

Venir avec un char-à-bancs,
Et vous paierai deniers comptants. »
Pendant que cette heureuse attente
Réjouit fort notre héritier,
Un nouveau quidam se présente
A peu près comme le premier;
Et sur le désir qu'il exprime
D'acheter quelques objets d'art,
Fussent-ils de valeur minime,
On lui répond qu'il est trop tard :
« Je n'en ai plus, car ce qui reste,
A peine oserai-je en parler...
— Voyons, dit l'acheteur modeste,
Affectant du laisser-aller,
Je vous donnerai trois pistoles
Du lot de rebut, perte ou gain,
Pour n'avoir pas fait route en vain.
— Voilà d'assez bonnes paroles :
Trente francs, dit l'autre à part soi,
C'est un fagot de bon aloi...

Puis, tout haut : « Vous pouvez le prendre... »
Notre finaud, bien entendu,
Paye et le prend sans plus attendre;
Dans le premier chariot venu
Il part, et... ni vu ni connu !

Cependant le vendeur bonasse
Ne vit plus l'homme aux cinq cents francs
Ce ne fut qu'au bout d'un long temps
Qu'il sut le tour de passe-passe,
Et s'aperçut, le pauvre sot,
Que le soi-disant mauvais lot,
Par une perfide manœuvre,
Comprenait quelques vrais chefs-d'œuvre
Escamotés pour dix écus;
Tandis que le premier compère,
Pour vingt mille francs prétendus,
Avait trié tous les rebuts,
Comptant finir ainsi l'affaire...
Et ne revenir jamais plus.

L'AVEUGLE.

ANECDOTE.

Une princesse belle et bonne,
(Que son indulgence pardonne,
Si ces deux mots, sans compliment,
La désignent trop clairement),
A l'étiquette faisant trêve,
Passait un jour près d'une grève,
Au bras d'une dame d'honneur,
Que suivait un seul serviteur :
— Ayez pitié d'un pauvre aveugle,
Dit un vieillard dont le chien beugle,
Et bientôt un don généreux
Tombe et sonne dans son plat creux

— Oh! merci, merci, belle dame
Que pare encore une bonne âme.
Pour le vieillard, le lendemain,
Même aubaine et même refrain :
— Toujours aussi bonne que belle,
Dit-il, ma mémoire fidèle
Ne peut oublier tant d'attraits.
— Mais si vous n'y voyez jamais
Tout cela n'est qu'imaginaire,
Dit la princesse au pauvre hère.
— Pardon, répond-il, j'y vois bien :
Le pauvre aveugle, c'est mon chien.

PAUVRE OUVRIÈRE.

ANECDOTE.

Une dame à l'âme un peu vaine,
Un matin, pour quelque migraine
Avait fait mander son docteur,
Homme de science et de cœur...
Et, par la classique ordonnance,
Il allait clore la séance,
Quand la chambrière, à l'instant,
Annonce que quelqu'un attend :
— « C'est l'ouvrière, ajoute-t-elle,
Du mouchoir garni de dentelle.
— Oh! fit le docteur, dans ce cas,
Faites entrer, on n'attend pas... »

Sur le seuil de la porte reste
La pauvre fille à l'air modeste,
Au teint pâle, au maintien honteux,
Aux habits propres, mais piteux :
« Approchez-vous... sans flatterie,
Voilà charmante broderie :
Ce travail est fort bien, vraiment...
Combien vous dois-je, mon enfant,
Avec bonté lui dit la dame,
Pour cette précieuse trame ?
— Madame, tout un mois entier,
Je n'ai pas quitté mon métier :
C'est trente francs. — C'est trop, ma chère,
Je n'aime pas qu'on exagère...
Vous n'avez passé là-dessus
Que vingt ou vingt-cinq jours au plus·
Prenez ce louis... d'autre ouvrage
Suivra; mais soyez toujours sage. »

Le docteur, pensif, écoutait,

Et dit : « Ce conseil est parfait ;
Mais dans ses veilles assidues,
Fille, à quelques heures perdues,
Peut bien un peu se divertir?
— Docteur, je puis vous garantir
Son irréprochable conduite ;
Sinon avec elle de suite
Je saurais rompre tout rapport,
Et l'abandonner à son sort.
— Alors, je l'admire en silence.
Adieu, voici mon ordonnance...
Sur un feuillet de votre album,
Daignez noter le post-scriptum :
Vingt francs pour vingt cinq jours d'ouvrage,
Et surtout que fille soit sage. »

LES MODERNES ANTIQUITÉS.

ANECDOTE.

J'ai lu, dans quelque vieux bouquin,
Ces mots de méchante origine :
« Je vénère la médecine,
Et n'aime pas le médecin. »
De plus d'un sombre misanthrope
Le scepticisme, trop souvent,
Dans un même doute enveloppe
Et la science et le savant.
Sans faire ici le bon apôtre,
Je me montre plus circonspect,
Et professe un profond respect
Pour l'un presque autant que pour l'autre.

Je me soumets, et sans conditions
Qu'on taxerait chez moi d'outrecuidance...
Mais, ô savants, chez vous quelle imprudence!
Vous ébranlez bien des convictions
En dévoilant l'écueil de la science.
Vos propres contradictions,
De vos erreurs le trop fréquent spectacle
Compromettraient vos décrets solennels :
Laissez donc prendre au commun des mortels
Vos paroles pour un oracle.

On n'a pas encore oublié
Un procès, entre autres, célèbre,
Qui couvrit d'un voile funèbre
Un corps savant un peu mystifié.
C'est sur les bords de la Garonne
Que le fait suivant se passa :
La gazette alors l'annonça,
Partant, pour très-vrai je le donne.
Certain beau jour, en fouillant un terrain

Pour y creuser un puits, on heurte avec la pioche
Une lame d'acier; puis apparaît tout proche
Un vieux vase de fer sous un buste d'airain.
Pour le maître du champ surprenante aventure !
Puis vient une médaille, une pièce d'armure...
  « Halte-là ! dit-il, mes amis,
  Voici curieuse antiquaille,
  Et de cette étrange trouvaille
A la ville aussitôt je vais donner avis. »
Donc il instruit du fait un docte archéologue ;
Et le cercle au complet, tous décident entre eux
Qu'aux fouilles on ira présider sur les lieux.
Chaque objet déterré provoque un dialogue,
Sur origine et date on glose, on épilogue...
Bref, armes, pots, bijoux outrepassent les vœux
  De nos trop heureux antiquaires,
Et moyennant bon prix ils sont cessionnaires
Des trésors dont ils vont orner leur muséum.
  Des amateurs la foule abonde,
  De tous les pays à la ronde,

A ce nouvel Herculanum.

Mais il est des jaloux, et dans l'air il circule
De singuliers propos : on s'entretient tout bas
De vendeur trop rusé, d'acheteur trop crédule...
Un indiscret témoin divulgue enfin le cas :
Il a, dix ans passés, vu semer la prairie
De ces mêmes objets (ô perfide industrie !)
Tout exprès fabriqués et qui, dix ans plus tard,
  Sont soi-disant découverts par hasard...
La chose fit grand bruit, et si dame Justice
Du coupable trompeur condamna l'artifice,
Par un public malin injustement honni,
Maint innocent trompé resta le plus puni.

    Archéologues qu'on accuse,
Vous surtout, de prétendre à la science infuse,
Alors qu'en vos travaux certains côtés trompeurs
Vous exposent souvent aux plus lourdes erreurs,
  De ce péché, pour qu'on vous amnistie,
Joignez donc au savoir un peu de modestie.

A-PROPOS

DESTINÉ AU BANQUET DE VALOGNES.

Que de beautés, sur mon chemin,
Offre cette heureuse contrée!
Partout la nature parée
Me semble un immense jardin;
Sur la grasse et verte prairie,
Paissent de splendides troupeaux...
A ses champs si riches, si beaux,
Je reconnais la Normandie.

De tous côtés mise en honneur,

Ici, je vois l'agriculture;
Et pour sa victoire si pure
On y couronne le vainqueur.
Une expérience accomplie
Vient en aide aux bras vigoureux,
Et dans cet accord fructueux.
Je reconnais la Normandie.

Jadis, l'arrogant étranger
Convoitant vos plaines fertiles,
Dans vos campagnes, dans vos villes,
En conquérant crut s'ériger;
Mais pour chasser la tyrannie,
Vos pères ont bravé la mort...
A ce noble et vaillant effort,
Je reconnais la Normandie.

Etrangers aussi parmi vous,
Mais tous de la grande famille,
Partout, sur nos pas, s'ouvre et brille

Un accueil bienveillant et doux.
La simple et bonne sympathie,
Entre nous, n'a rien d'affecté ;
A l'antique hospitalité,
Je reconnais la Normandie.

SOUVENIR DU CONGRÈS DE LIMOGES.

Après une grave semaine
De scientifiques travaux,
Limoges, pour reprendre haleine,
Montre-nous les charmants coteaux.

O nature! ta douce image
Donne à l'âme un nouvel essor :
A ton sublime aspect, le sage
Se retrouve plus sage encor.

De Solignac prenons la route...
Un temple, œuvre de saint Éloi,

Reste, et dans notre âge de doute
Rappelle des âges de foi.

De huit siècles témoins durables,
Avec leur pure austérité,
Ces murs sont deux fois vénérables
Pour l'art et pour la piété.

Admirons ces stalles antiques
Où de pauvres Bénédictins
Venaient, en chantant les cantiques,
Oublier leurs maigres festins.

Ils vivaient dans la pénitence...
Mais bientôt notre estomac creux
Nous dit que le vœu d'abstinence
Ne nous engage pas comme eux.

Déjeunons donc; notre voyage
Dans ces sites délicieux,

Comme un second pèlerinage,
Ne s'en achèvera que mieux.

Visitons de ces métairies
Les nombreux et riches troupeaux,
Ces fraîches et vertes prairies,
Ces champs si vastes et si beaux.

Mais, près du travail qui prépare
Les richesses de l'avenir,
Des fiefs dont le temps nous sépare
Voyez-vous ce vieux souvenir?

Voyez-vous cette tour altière,
Ces créneaux encor menaçants?...
Nos pieds vont fouler la poussière
De ces murs jadis si puissants!

Cette noble porte ogivale
A vu, sur le roc de son seuil,

La marche sombre ou triomphale
Des heures de gloire ou de deuil.

Bravant les hasards de la guerre,
Après de trop sanglants combats,
Combien de preux dont la bannière
En sortit et n'y rentra pas !

De ce donjon la châtelaine,
Le cœur plein d'espoir et d'amour,
Les yeux attachés sur la plaine,
Du page attendait le retour.

Si parfois ces tristes murailles
Furent les remparts des tyrans,
Souvent, pour de nobles batailles,
S'y retranchaient vassaux et grands

Ces salles à la vaste enceinte
Qu'encadrent encor leurs arceaux,

Aux soupirs d'amour et de crainte
Ont tour à tour servi d'échos.

O ruine majestueuse!
D'un vain orgueil débris confus,
Dans tes décombres si je creuse,
J'aime à trouver quelques vertus.

Quels pensers se pressent en foule
Dans nos esprits, à cet aspect!
Oui, le monument qui s'écroule,
Plus qu'un autre a droit au respect.

Mais, hélas! l'implacable horloge
Comme partout, à Chalusset,
Sonne, et nous dit que pour Limoge
Il faut partir à grand regret.

Et le Congrès qui va se clore,
Longtemps au delà de sa fin,
Nous rendra bien plus cher encore
Le souvenir du Limousin.

LA RETRAITE ILLUMINÉE D'AUXERRE EN 1858.

Auxerre, l'antique cité,
Une troupe immense s'apprête
A t'envahir... non par conquête,
Mais par droit d'hospitalité.
Prends de tes costumes de fête
Toute l'originalité.

Ce ne sont plus ces fiers barbares
Qui, jadis, des confins du nord,
Au son de farouches fanfares,
Semaient la ruine et la mort...

Ce nouveau torrent qui déborde,
Avec l'aide de la vapeur,
N'est qu'une très-paisible horde
De bons vivants en belle humeur :
Je comprends même, en cet exorde,
Du congrès maint savant docteur...
Tes trésors d'art qu'ils aperçoivent,
On les admire... et rien de plus ;
Quant à tes bons vins, s'ils les boivent,
Ils les soldent en bons écus...
Enfin la foule satisfaite,
Dînant mal, couchant au bel air,
Pour voir ta fameuse *Retraite*,
Point ne croira payer trop cher.

Déjà la nuit étend ses voiles
Et, d'un point élevé, je vois
Au loin de terrestres étoiles
Scintiller et luire à la fois ;
Dans son mouvement, ô prodige !

Chacun de ces corps lumineux
Vers un même lieu se dirige,
En tous les sens croisant ses feux ;
De la place de l'Arquebuse
Embrassant le vaste terrain,
Leur clarté mobile et diffuse
Eblouit mon œil incertain ;
L'étincelle partout s'élance...
Dans ce sublime enchantement,
On croirait voir entrer en danse
Tous les astres du firmament.
Tel on nous peint un bois magique
Où voltigent les farfadets ;
Tels, sur les eaux d'un lac mystique,
Ces innombrables feux follets :
Aussi, sous le charme d'un songe,
L'illusion que je poursuis
Me semble un gracieux mensonge
Sorti des Mille et une Nuits.

Non, pourtant, ce n'est point un rêve,
Je veille bien, en vérité,
Et la merveille qui s'achève
Devient une réalité ;
J'aperçois ces lueurs mouvantes
Venir en ordre se ranger ;
Je vois ces lanternes vivantes
En longue file s'allonger.
D'un trait de feu sillonnant l'onde,
Tel l'ardent Phœbus, un beau soir,
Répand sa chevelure blonde
Qui semble dorer le flot noir ;
Ainsi la milice enflammée
Brille et vers nous va s'avancer
C'est la *Retraite illuminée*,
En un mot, qui va commencer.

Quelle magnifique féerie !..
Hommes, chevaux, tout est de feu,
Et de la fantasmagorie

On croirait ici voir un jeu.

Dans leurs splendeurs orientales
Se montrent Chinois, Indiens,
Escortés de musiciens,
Et leurs tambours et leurs cimbales,
Mieux qu'on ne verrait à Pékin;
Le Rajah brillant de lumières,
Sous un éclatant baldaquin,
Et ses Nababs, et leurs bannières...
Là, le gigantesque éléphant,
Tel qu'un énorme météore,
Traçant un disque de phosphore,
S'avance d'un pas triomphant.
Puis les Zemindars, dans leur jonque,
Se dressant comme le phénix
Sur les flots enflammés du Styx.
Et puis une garde quelconque,
Cavaliers plus ou moins complets,
Du harem suivant le palais
Dont l'étincelante coupole

Eclaire de jeunes beautés,
D'une radieuse auréole,
Sur un trône de voluptés.

Enfin du merveilleux cortége
Voici venir le beau bouquet :
Char majestueux et coquet
Dont l'automédon, de son siége,
Pousse huit chevaux vigoureux :
C'est le temple de l'harmonie,
Vibrant au son mélodieux
D'une suave symphonie...
Monument vaste et radieux ;
Quatre colonnes flamboyantes
Supportent son dôme embrasé
Sur les arabesques brillantes
De tout l'orchestre pavoisé..
Comme l'éclair au loin sillonne
Les cieux, de ses vives clartés,
Le pétillant foyer rayonne

En longs reflets de tous côtés...
L'âme est enfin électrisée
Par deux extrêmes bien divers:
Les délices de l'Elysée
S'unissent aux feux des enfers.

Or, aux talents rendons justice :
C'est un très-habile artifice
De mettre objets petits et grands
Et l'homme même en transparents.
Momus, dans sa verve badine,
Regrettait que le Créateur
N'eût pas fait l'humaine machine
Diaphane à l'œil scrutateur...
La tâche est à moitié remplie,
Auxerrois, pique-toi d'honneur:
Pour que l'œuvre soit accomplie,
Fais-nous voir clair au fond du cœur!

STROPHES AU MARÉCHAL BOSQUET.

Héros des rives africaines
Que fertilisa votre sang,
Bravant les périls et les peines,
Bosquet près de vous a pris rang.
A cette seconde patrie
Vous n'imposiez que des bienfaits :
Vous n'avez conquis l'Algérie
Que pour l'abondance et la paix.

Mais au loin la trompette sonne :
Accourez, ô preux vétérans ;
En face du canon qui tonne,
Ranimez, guidez nos enfants.

Tout est en flamme : eaux, ciel et terre
Se couvrent d'un nuage épais.
Ah! combien les maux de la guerre
Font aimer les biens de la paix!

Que de fois d'affreuses mêlées
Ont confondu chefs et soldats!
Que d'existences nivelées
Sous le plus glorieux trépas!...
Le moment solennel s'avance :
Vaincre ou mourir; car du succès,
Pour nos armes et pour la France,
Dépend une honorable paix.

Un instant s'arrête et balance
Maint brave qui jamais n'a fui...
Bosquet le voit : prompt, il s'élance,
Il entraîne tout après lui...
Un coup le frappe!... Dans sa gloire
Va-t-il donc s'éteindre à jamais?

Mais, s'il tombe, il voit la victoire
Qui bientôt nous rendra la paix.

Rendons grâce au Dieu des armées
Qui, sur lui, veillait de là-haut :
La plus pure des renommées
Ne devait pas finir si tôt...
Vis donc, Bosquet, à la patrie
Ton nom appartient désormais :
Et qu'aux sanglants lauriers se lie
Le doux olivier de la paix !

A-PROPOS

DESTINÉ AUX FÊTES D'ANVERS.

Qu'à nos cœurs elle offre d'attraits
Cette terre heureuse et fertile !
Partout, dans les champs, à la ville,
Respirent l'aisance et la paix.
Dans les beaux arts sa gloire antique
Des maîtres garde les splendeurs ;
Et chez leurs dignes successeurs
Nous reconnaissons la Belgique.

La culture, par ses labeurs,
Du sol enrichit la surface,

L'industrie agrandit l'espace
En exploitant ses profondeurs :
Conquête pure et pacifique !
Le travail doublement heureux
D'une province en a fait deux !...
Nous reconnaissons la Belgique.

Nous sommes, dans votre pays,
Tous reçus avec bienveillance ;
D'ailleurs, votre sol et la France
En d'autres temps furent unis.
Un accueil aussi sympathique
Est par nous vivement goûté...
A sa noble hospitalité
Nous reconnaissons la Belgique.

EGERIE.

DIALOGUE.

— Venez donc, aimable dame,
Venez retremper mon âme
Qu'énervent les noirs soucis,
Oui, parlez, parlez sans cesse ;
Car c'est l'esprit de sagesse
Qui dictera vos avis.

— Je vois que notre vieux monde
En abus partout abonde...
N'en dites-vous pas autant ?
— Si la terre est vermoulue

Eh bien ! cela diminue
Nos regrets, en la quittant.

— Je deviendrai misanthrope :
A mes yeux tout s'enveloppe
D'un lugubre voile noir.
— Pour supporter bien des choses,
A travers des voiles roses,
Au contraire, il faut les voir.

— Dès qu'on entre dans la lice,
On ne trouve qu'injustice,
Mensonge, erreur, passe-droits...
— Non, l'on juge en conscience ;
Mais les poids et la balance
Sont un peu faussés parfois.

— Succès plus ou moins honnête,
Tout paraît bon ; rien n'arrête
L'intrigant pour le saisir...

— Le monde est aussi coupable,
Car pour lui l'impardonnable
Est de ne pas réussir.

— Il faut, sans réserve aucune,
Vite atteindre la fortune :
C'est une course au clocher...
— Plus d'un glisse dans la boue...
De l'aveugle et de sa roue
En voulant trop s'approcher.

— On rencontre, sur sa route,
Un pauvre que l'on écoute
Implorant quelques secours...
L'infirmité qu'il affiche
N'est qu'un appareil postiche...
— Fermez l'œil, donnez toujours.

— Cet autre, dans sa jeunesse,
A son luxe, à sa mollesse

Laissa prendre un libre essor :
Vieux, les regrets et la gêne
N'en sont que la juste peine...
— N'importe ! donnez encor !

— Un ancien ami d'enfance,
Dans sa nouvelle opulence,
Dédaigne notre amitié...
— Soyez-y toujours fidèle,
Et d'une chaîne si belle
Du moins restera moitié.

— Trop souvent la calomnie
Nous empoisonne la vie,
De son venin malfaisant...
— Sans broncher, en honnête homme,
Sachez vivre : voilà comme
Il faut répondre au méchant !

— Tel artiste en vain s'épuise :

Pour lui, la critique aiguise
Tous les traits de son carquois...
— D'abord en butte à l'intrigue,
Demain sa gloire fatigue
La renommée aux cent voix.

— Parfois l'œuvre la plus belle
Tombe... et l'auteur perd en elle
Son espoir et son effort...
— De l'avenir qu'il jouisse,
Sûr qu'on lui rendra justice
Promptement... après sa mort.

— Merci donc, aimable dame,
D'avoir retrempé mon âme
Qu'énervaient les noirs soucis ;
Je veux, près de vous, sans cesse
Chercher l'esprit de sagesse
Qui dicte vos bons avis.

LE
BERGER ROMANTIQUE ET LA BERGÈRE AU NATUREL.

Le Berger, tendrement

Adorable bergère,
Avec tes blancs moutons,
C'est la fleur printanière
Éma...ant les gazons.

La Bergère, rudement.

Vos fleurs, vot' jardinage,
Qué' qu' vous v'nez donc m' chanter !

J' préférons l' pâturage
Qu' a l' plus d'herbe à brouter.

LE BERGER.

Beauté que j'idolâtre
Mes regards indiscrets
Osent d'un sein d'albâtre
Deviner les secrets...

LA BERGÈRE.

Qu'les estomacs d'vos belles
Soient d'albât', j' n'en sais rien;
Les chos' sont naturelles,
Tout c' que j' sais, pour le mien.

LE BERGER.

Ton regard trouble l'âme,
Sensible à tant d'attraits,

De ton œil noir la flamme
Y lance mille traits.

La Bergère.

Monsieur, j' n'aim' pas qu'on m' lorgne
Ni qu'on m' fass' trop d'accueil;
Mais il sembl' que j' suis borgne,
Quand vous parlez d' mon œil.

Le Berger, avec passion.

O nature innocente,
Ma muse est aux abois ;
Idole ravissante,
A tes pieds tu me vois...

La Bergère, avec colère.

J' défendons ben qu'on touche
A mes pieds ni plus haut,
Sinon j' vous clos la bouche
Avë l' bout d' mon sabot.

UNE NOCE A PARIS EN 1816.

> S'il est des peines sans plaisir,
> Il n'est pas de plaisir sans peine.

Du siècle à son aurore ici s'entretenir,
C'est de nos jours passés un bien doux souvenir,
Pour vous dont la mémoire est garant de la mienne;
Et c'est pour la jeunesse un trait d'histoire ancienne.

Alors, modes et mœurs, tout était différent :
Le plus petit bourgeois ne singeait pas le grand ;
On montrait moins de luxe; on craignait l'alliance
D'un revenu trop mince avec grosse dépense.
Le carrosse était rare ; on suivait volontiers

Le pâle réverbère, aux plus lointains quartiers;
Dans nos réunions sans faste préparées,
On n'en passait que mieux de joyeuses soirées ;
Au son du violon, on s'élançait gaîment,
Et l'on voulait danser, non marcher gravement (1).
Puis des traditions tous conservaient l'usage
Qu'aux noces, maintenant, on n'a plus qu'au village.
D'abord on y soupait; et ce temps de repos
Restaurait les danseurs d'ailleurs toujours dispos :
Pour les tables de jeu les dames négligées,
D'y requérir leur main n'étaient pas obligées.
Mais rentrait-on chez soi, par d'étroits carrefours,
Le tricorne, en ce temps, n'offrait pas son concours;
Pourtant des alguazils aux manières bourrues,
Lourds, armés de gourdins, patrouillaient dans les rues,
Glissant le long des murs; de leur ombre l'aspect
Aux passants effrayés était souvent suspect ;
Et de rôdeurs de nuit leur allure indécise
Etait cause parfois d'une triste méprise.
Enfin, bien des maisons, confortables d'ailleurs,

N'avaient point ce portier qui, dans nos jours meilleurs,
Est concierge ou gérant... — Tout bien posé d'avance,
Le sommaire fini, mon chapitre commence.

Comme un jeune écolier courbé, dès le matin,
Sur ses cahiers noircis de grec et de latin,
Au premier coup de cloche, échappé de la classe,
Joyeux, jusqu'au jardin, d'un seul bond, fend l'espace,
Tel, de mon pied léger, je partais pour un bal
Où l'on devait fêter le lien conjugal.
J'étais impatient : j'arrive enfin bien vite.
Un valet poliment à le suivre m'invite,
Pour me débarrasser de mon surcroît d'habits;
Mais j'entends de l'orchestre un des airs favoris,
Et me hâte aussitôt d'ajuster ma toilette,
Ne songeant qu'au plaisir; sitôt qu'elle est complète,
J'entre au salon qui semble à mes yeux un palais :
Là de jeunes beautés rivalisent d'attraits;
On voudrait vainement fixer son choix entre elles,
Les dernières qu'on voit sont toujours les plus belles...

Parmi celles pourtant dont l'œil est enchanté,
A sa blanche parure, à sa timidité,
A son expression sans cesse variée,
Une surtout me frappe... et c'est la mariée.
L'époux est prévenant, docile au moindre mot :
Les dames le trouvaient tout à fait comme il faut.

Au quadrille, avec feu, l'on prend, reprend ses places,
Réclamant comme appoint la *Laitière*, les *Grâces*,
Le *Rond*, la *Grande-Chaîne* ou bien la *Camargo ;*
Et souvent pour finale encor la *Monaco ;*
Enfin *Gavotte*, *Gigue* (2), et mainte autre figure
Variaient le plaisir ainsi que la mesure ;
Quand soudain, sur la fin d'un *Chassé-croisé-huit*,
Un maître d'hôtel entre, et crie : Il est minuit !
Pour nos musiciens, ce mot semble un reproche,
Et presto nous voyons le fifre mis en poche,
Les archets détendus et la basse au repos (3) ;
Puis en bas de l'estrade, ils nous tournent le dos.
C'est l'entr'acte : à la danse il faut donc faire trêve ;

Mais à peine tombé le rideau se relève :

Dix serviteurs chargés de planches, de tréteaux,

Les placent à l'instant sur les mêmes niveaux ;

La besogne finie, une autre porte s'ouvre,

Et cette vaste table, en un moment, se couvre

Des mets les plus exquis... — Un superbe poisson

Entre autres plats paraît sur un lit de cresson ;

Suivent tourte truffée, artichauts barigoule ;

Crèmes, gaufres, gâteaux vont prendre place en foule,

Autour des poulets gras, des civets de levrauts,

Pour qui sont aiguisés appétits et couteaux.

Bien qu'à pareil moment, tout autre objet les touche,

J'entends aux gais propos s'ouvrir plus d'une bouche.

Mais quel bruit sous la table ! et que veut cet enfant ?

I se relève et semble, à son air triomphant,

Un preux qui, dans la lice, a pris une bannière :

Lui, de la mariée il tient la jarretière (1) ;

Bien vite il la partage, et chacun des garçons

Du signe nuptial orne un de ses boutons.

L'éclat de ces rubans avait un air de fête :
C'était sur la pudeur la première conquête.

On fait alors silence... — Il est un plat qu'on sert
Parfois trop abondant, au milieu du dessert :
Ce plat, c'est le couplet, le vers de circonstance.
Il est bon de donner leçon de patience
A de jeunes époux... — Mais il est temps déjà
De peindre le chaos qui termine un gala.
Quel bizarre contraste, aux mêmes lieux, étale
Si près d'un beau début, cette scène finale !
Ces mets divers, ces fruits, ces fleurs, ces doux flacons,
Et Bourgogne et Bordeaux rangés en longs cordons,
Ces couverts alignés, tout a changé de place.
Piquant imbroglio !... les restes d'une glace
Fondent au pied d'un bol où le punch fume encor;
Un bouchon de Médoc ou de la Côte-d'Or
Couronne une carafe; un amas de serviettes
Recouvre les débris épars sur les assiettes...

Or, nos musiciens restaurés fortement

A leur poste ont repris chacun leur instrument :

A la valse, à la danse, alors l'ardeur redouble...

Mais quel mystère encor, dans notre élan nous trouble?

On regarde, on hésite, on se parle tout bas ;

Dans un groupe agité de crainte et d'embarras,

Quelques beaux yeux sont même humectés par les larmes.

Je m'informe du fait qui cause ces alarmes ;

Je me calme bientôt : c'est l'épouse qui part...

Le marié la suit, et presse le départ

Réglé par les mamans souches des deux familles ;

Elle s'éloigne... — Alors, toutes les jeunes filles

Expriment le regret qu'on a de la quitter,

Bien plutôt que celui de ne pas l'imiter ;

Cette observation peut-être est nécessaire ;

Car de malins jaseurs prétendaient le contraire.

Celles qui de l'hymen ignorent les douceurs,

Ont du front virginal ôté les blanches fleurs,

Pour se les partager ; mais plus d'une s'arrange

Pour avoir peu de grains de cette fleur d'orange (5) :

Chaque grain c'est un an sans trouver de mari...
Innocent préjugé!... Le couple heureux parti,
Cette désertion n'a rien de trop funeste ;
Si l'étiquette fuit, plus de gaité nous reste ;
Moins les rangs sont nombreux, plus ils sont turbulents.
Au vestiaire enfin l'on s'avance à pas lents ;
J'endosse le carrick... — O poignante surprise !
Je ne vois pas mes clefs ; le cœur me bat, j'avise,
Je retourne mon sac, je demande partout,
 uille en vain tous les coins de l'un à l'autre bout :
  tôt on n'entend plus qu'un tic tac de pendule ;
Dehors tout est désert ; plus un seul véhicule ;
A pied, sans compagnon, je pars donc résigné,
Et plus j'aspire au but, plus il semble éloigné ;
J'avançais cependant : au détour d'une rue,
Un grand fantôme gris soudain frappe ma vue...
Il approche ; j'attends immobile, incertain ;
Dans sa main j'aperçois un énorme gourdin.
Il est là devant moi, et je distingue à peine
Si l'être qui me parle a la figure humaine :

Moi, saisi de frayeur, je veux fuir, mais je vois
Deux autres assaillants m'accoster à la fois.
Certe, un mauvais dessein contre moi se projette,
Et leurs bâtons levés me coupent la retraite.
Alors, de désespoir, je m'élance sur eux ;
Deux bons coups sur la face en étourdissent deux ;
Voyant que le troisième à me saisir hésite,
Par un suprême effort, en fuyant, je l'évite.

Jadis un fier Romain, seul aussi contre trois,
Fit soudain volte-face, et sut vaincre trois fois ;
Mais moi, consultant mieux l'avis de la prudence,
A gagner du terrain je borne ma vaillance.
De tant presser ma course il n'était plus besoin,
Car mes lourds agresseurs étaient déjà bien loin.
Enfin, courant toujours, j'entends un long qui-vive (6),
Qui d'une sentinelle en impromptu m'arrive :
Je lui réponds, j'approche, et pour me rassurer,
Au poste, par faveur, je demande d'entrer.
Du corps-de-garde à peine ai-je touché la porte

Que je vois de nos gens s'avancer la cohorte ;
Chacun se plaint alors : l'un de son œil poché,
L'autre, au procès-verbal après m'avoir couché,
Avec acharnement veut, devant la justice,
A son nez tout meurtri m'offrir en sacrifice.
« Mais, leur dis-je, offensé de leur ton menaçant,
De quel droit arrêter un paisible passant ?
— De quel droit ? Eh parbleu ! faut-il qu'on vous le dise ?
Reconnaissez en nous... une *patrouille grise* (7).
— La patrouille ?... salut ! n'importe sa couleur ;
Je vous ai pris, Messieurs, pour des... c'est une erreur ;
Mais pour mieux discerner un fripon d'un brave homme,
Faut-il donc que d'abord tous deux on les assomme ? »
J'allais continuer : on ne m'écouta pas,
Et je me vis dès lors dans un fort mauvais cas :
Pourtant, le chef du poste examina l'affaire :
C'était un vieux sergent, brave et franc militaire ;
L'attaque, le combat, tout lui fut raconté ;
De ma belle défense il parut enchanté :
L'instant me parut bon ; malgré la discipline,

J'offris à tous ensemble un tour à la cantine.

Cette première avance atténua les faits :

L'armistice d'ailleurs est un pas vers la paix.

Bref, mon digne sergent accommoda la chose,

Et nous renvoya tous, pour terminer la glose.

La patrouille au logis me fit garde d'honneur ;

Mais mon cerveau frappé de joie et de terreur,

Soit dit pour mettre en tout une entière franchise,

Rêva, jusqu'au lever, noce et patrouille grise.

NOTES.

(1) On se souvient encore que, dans les mouvements de la danse à l'époque dont nous parlons, on sautait bien plus qu'il n'est d'usage maintenant.

(2) Noms des quelques figures de danse en vogue, au commencement de ce siècle.

(3) Tel était le petit nombre d'instruments généralement usités alors, dans les bals de la bourgeoisie aisée. Le piano commençait à peine à s'y introduire.

(4) Cela se fait encore aux noces de campagne, et même au fond de quelques provinces, dans la classe moyenne.

(5) Les demoiselles, ou du moins beaucoup d'entre elles, avaient un peu cette superstition enfantine, au sujet du nombre des grains ou boutons que le sort départait à chacune. Les puristes pardonneront à l'auteur de ces vers d'avoir écrit, fleur d'*orange*, au lieu de fleur d'*oranger :* tous les Parisiens, sans en excepter les hautes classes, se permettaient cette négligence de langage, il y a un demi-siècle.

(6) Il y avait alors, dans Paris, de nombreux corps de garde. On rencontrait souvent des sentinelles, des patrouilles, comme dans une ville de guerre; on a avec raison supprimé cet appareil militaire en temps de paix.

(7) La couleur sombre et équivoque, comme les allures de ces agents subalternes d'une police encore rudimentaire, motivait sans doute leur nom disgracieux de *patrouille grise*.

SOUVENIR D'ÉTRETAT.

> Chaque rocher de ton rivage,
> Me fait souvenir ou rêver.
> DE LAMARTINE.

Etretat, ô pays charmant,
Site à la fois sévère et pittoresque,
Que je contemple avec ravissement
   Et ta falaise gigantesque,
   Rempart de roc et de gazon,
   Et ton frais et riant vallon,
   Où mûrit la moisson dorée,
   Tandis que la mer azurée
   S'étend au loin à l'horizon.

Que de merveilles la nature
Rassemble ici pour le charme des yeux !
On voit la terre en ces beaux lieux
Revêtir sa riche parure
A côté des flots furieux.
Deux arcades d'abord ouvertes dans la roche
Te provoquent, touriste, à passer au delà... (1)
Crains le perfide flux qui lance, à ton approche,
La lame qui t'engloutira.
Mais vois, en haut du mont, cette simple chapelle;
Va, gravis ce point élevé
Où Marie, en passant, t'appelle
A lui dire un pieux *Ave ;*
Tu n'en suivras que mieux ta marche :
Cela soulage de prier...
— Du haut de cet étroit sentier,
A tes pieds tu trouveras l'*Arche* (2)
Que tu n'as pu franchir sur le gravier...
Quel tableau magnifique à l'instant se démasque !
Vers la falaise au loin dessinant des donjons,

Des tours avec créneaux, de légers clochetons,
Ces grottes de silex à la voûte fantasque,
Ces murailles à pic et leurs nombreux contours
Dont l'œil suit dans l'espace et les caps et les baies,
Enfin au sein des flots dont ils brisent le cours,
    Ces hautes *aiguilles* de craies (3),
    Obélisques majestueux
    Qui fièrement dressent leur tête
    Sur le gouffre... et de la tempête
    Bravent les coups impétueux !

Tableau sublime, en nos cœurs tu réveilles
  Un saint respect pour la Divinité,
  Quand sous nos yeux brillent tant de merveilles,
    Puis au delà... l'immensité !
Mais, touriste, veux-tu de la mer en furie,
    Veux-tu sonder l'abîme ouvert ?
    Descends cette creuse prairie,
    Sur ces tapis de velours vert..
    — C'est une image de la vie,

Douce et facile aux premiers pas ;
Mais, quand l'âge avance, remplie
D'écueils sans nombre et d'embarras,
L'herbe que tu foulais à l'aise
Se change en un trou rocailleux :
Là, suspendu bientôt aux flancs de la falaise,
A chaque aspérité soutiens-toi de ton mieux...
Telle, aux Alpes, la chevrière
De loin semble planer au-dessus du vallon...
Descends, descends toujours ; d'un caillou, d'une pierre
Sers-toi comme d'un échelon ;
Regarde bien tes pas... — Entends-tu mugir l'onde?...
— Enfin, le but approche, encor quelques efforts ;
Voici l'obscur trajet où le tonnerre gronde (4) :
Traverse le *tunnel*, la caverne profonde
Semblable au noir séjour des morts...
— Quelle plume pourrait décrire
La scène dont soudain le voile se déchire ?
En des gouffres affreux par les siècles creusés (5),
Roulent avec fracas des courants opposés ;

Par l'obstacle irritée, une vague fougueuse
Se brise, en mugissant, sur la roche anguleuse,
D'écume se blanchit, retombe par torrents,
Et vient heurter les flots que soulèvent les vents...
— Tout à coup, du couchant, une lame lancée
Sur l'autre qui d'amont avec force est poussée,
Lui dispute l'entrée à ce passage étroit :
De ce double conflit ébranlant le détroit,
L'élément déchaîné se dresse en pyramides,
Et remplit l'air au loin de ses débris humides.

Oh! qu'à ce grand spectacle on est saisi d'effroi !
On aime à retrouver un ami près de soi :
On s'en rapproche encore, et l'âme est rassurée
En sentant une main dans la sienne serrée.
 Tel est, au moment du danger,
 Le sentiment qui nous inspire ;
Mais au fond le péril est ici fort léger,
Aux curieux prudents hâtons-nous de le dire
Car blottis sous l'abri que la roche nous fait,

Des éléments et de leur rage
En voyant l'effroyable effet,
Nous ne craignons pas le naufrage :
Aux galets d'Étretat si vous êtes venus,
Afin de vous baigner dans son eau salutaire,
Le pis-aller de cette affaire
Sera de prendre un bain de plus.
Donc, plus ou moins trempés, reprenons notre route :
Pour le plaisir de voir ces émouvants tableaux,
C'est peu de peine qu'il en coûte.
Déjà l'astre des nuits attire à lui les eaux,
Dans sa course rapide à travers l'empyrée ;
Il les fait refluer sur les côtes du nord,
Et s'éloignant à regret de son bord,
La haute mer fait place à la basse marée...
— Explorons ce rivage aux ondes ressaisi,
Et qu'à leur tour bientôt ressaisiront les ondes.

Dans cette sombre grotte aux cavités profondes (6),
Pénétrons ; nous verrons sur ses flancs rétrécis,

Au milieu de ces blocs, masse abrupte et difforme,
Briller comme un émail aux reflets cramoisis...
— Mais il faut repasser sous cette roche énorme,
Par un fil suspendue à l'arceau monstrueux
Dont le large orifice au soleil s'ouvre, et forme,
Des cieux à l'Océan, un cadre tortueux...
— Panorama sublime et que toujours j'admire,
De ce point ténébreux, sous cet aspect nouveau,
    Tu me sembles encor plus beau!

Auprès de ces horreurs de structure en délire,
Quelle main a galbé, sous des cintres parfaits,
    Ces voûtes si bien arrondies?
Quel ciseau put sculpter ces absides hardies
    Comme les dômes des palais?
Sous la mousse, plus loin, de limpides *fontaines* (7)
S'échappent doucement des flancs majestueux
De la falaise abrupte, et versent leurs eaux saines
Aux sables que va battre un flot âcre et fougueux.

Mais, touriste, il est temps, remontons la *Valleuse* (8),
Hissons-nous bravement sur les trois cents degrés
Que la pioche et la mine à grand'peine ont forés,
A travers le silex et la craie argileuse.
Mais après un repos si chèrement acquis,
Parcourons doucement, course moins périlleuse,
Ces campagnes d'Eden, ce paysage exquis,
Cette riche moisson, cette belle vallée
    Où disparut jadis un fleuve entier ! (9)
Au fond du *Petit-Val,* cette église isolée,
    Avec son noir et gothique charnier,
      Sur un fond de fraîches verdures,
      Détache les lignes si pures
    De son profil austère et régulier ;
Puis dans ce champ fertile et ces gras pâturages
Avançons ; admirons tous ces frais ermitages,
    Ces hameaux propres et coquets,
Ces fermes s'entourant de verdoyants bouquets,
    Et ces délicieux villages (10),
Dont les chemins, à travers leurs ombrages,

Laissent voir, au milieu de fleurs et d'arbrisseaux,
  Comme autant de petits châteaux,
  Dans son enclos chaque chaumière,
  Ayant son bois et sa clairière
Où paissent, sur le pré, la vache et les chevreaux...

  O vous ! nés dans ce lieu champêtre,
  Vous êtes heureux, on le voit :
  Vous ne comprenez le bien-être
  Que sous votre paisible toit.

Mais pour nous, étrangers, vive ce coin de plage
Qu'on nomme le *Perrey!*... Quel bizarre assemblage
  De choses de toute façon,
  S'y voit dans la belle saison.
Les lignes, les agrès, les mâts, l'épaisse toile,
  Les ralingues d'une grand'voile
  Effleurent les soyeux volants,
  Les dentelles et les rubans ;
La mode, en falbalas, s'étale sur le sable

Où le marin reprend l'aviron et le câble;
Enfin, luxe obligé de toute la saison,
Le bal du Casino, près d'un bateau-maison (11).
D'un dernier mot, ici, saluons ce rivage
  Et sa rade aux mille couleurs,
Où de frêles bateaux glissent, bravant l'orage,
  Montés par de hardis pêcheurs.
Bons habitants, malgré vos mœurs rustiques.
D'un glorieux passé vous sentez tout le prix.
Vous aimez, sous le sol, à trouver ces débris
De l'ancienne *Estrutat* (12), de ses restes antiques,
Ces tombeaux, ces villas, ces objets d'art flétris...
  Mais, des beautés dont la nature
  Est si prodigue autour de vous,
  L'attrait suffit, et vous assure
  De tous côtés bien des jaloux.
Le voyageur, en quittant votre plage,
  Espère un jour y revenir;
Il la regrette... et de sa douce image
  Grave en son cœur le souvenir.

NOTES.

(1) Grandes ouvertures dans le roc, très-remarquables, en amont et en aval de la rade. Cette petite excursion, le long de la plage, n'est praticable qu'en saisissant l'heure précise de la basse marée.

(2) Celle de ces deux arches ou immenses portes naturelles, dont l'accès est le plus difficile.

(3) Sortes d'obélisques naturels aussi, dits les *Aiguilles*, les *Deux-Sœurs*, etc.

(4) Galerie souterraine où le bruit de la vague produit l'effet du canon.

(5) Lieu dit le *Chaudron*, intéressant à visiter à marée haute, surtout quand la mer est un peu agitée.

(6) La *Grotte* dite *Trou de l'Homme*, tapissée d'une mousse épaisse qui, vue du fond, a un singulier reflet rougeâtre.

(7) Les *Fontaines*, dont l'eau limpide cesse ou reprend son écoulement, à l'une si l'on ferme avec la main l'orifice d'une autre, à vingt-cinq pas de distance; plusieurs s'élèvent en groupes pittoresques de mousses cristallisées.

(8) Escaliers rustiques, pratiqués presque à pic, sur les parois inégales de la falaise.

(9) Vieille légende locale du *Moulin mis à sec en une nuit*.

(10) Cette description s'applique notamment au joli village de Bénouville. On sait du reste que, dans cette partie de la Normandie, les fermes isolées sont entourées d'un triple rang de grands arbres qui font qu'on les aperçoit de très-loin.

(11) Bateaux hors de service convertis en maisonnettes, sous le nom de *caloges*.

(12) Ancien nom d'Étretat. L'ouvrage de M. l'abbé Cochet contient d'intéressants détails archéologiques à ce sujet.

LES EAUX-BONNES.

IMPRESSIONS DE VOYAGE.

Ce n'est pas pour vous, francs buveurs,
Fervents disciples d'Épicure,
Que je mêle, avec la censure,
Les conseils en mes vers frondeurs.
Non, c'est à vous, plutôt, que je m'adresse,
Gais pèlerins, soi-disant buveurs d'eaux,
Radieux de santé, d'éternelle jeunesse,
Qu'un liquide thermal beaucoup moins intéresse
Que les bons crus du Rhin, du Rhône ou de Bordeaux.

Vous faites, dites-vous, pour l'eau ces longues courses,

Et près des bienfaisantes sources
Vous plantez vos joyeux drapeaux,
Des Alpes jusqu'aux Pyrénées !
Eh bien ! heureux du jour, variez vos plaisirs,
L'emploi de vos belles journées ;
En des climats divers, promenez vos loisirs,
Et courez des champs à la ville ;
Soit ! mais, par quel caprice, élire domicile
Dans ces lieux où la Terre, en son sein, a couvé
Pour ses enfants souffrants un baume réservé ?
Le grand train, la parure étalés avec faste
Font, aux yeux du malade, un pénible contraste :
Ces fêtes, cet éclat qu'il ne peut partager,
Aigrissent sa douleur, loin de la soulager.
En vain nous direz-vous : « Le mouvement, la joie
Souvent à la santé peuvent rouvrir la voie... »
— Pour vous, c'est assez vrai, vous dont les maux de nerfs
Trouvent leur antidote à la danse, aux concerts ;
Au temple de Momus, cherchez donc Esculape ;
Mais aux buveurs courbés sous le mal qui les frappe,

Et qu'attendent parfois des cercueils entr'ouverts,
Laissez, sans ajouter à leurs regrets amers,
Un chemin calme et doux vers la dernière étape !

Quoi ! le monde pour vous n'est-il pas assez grand ?
Autour de vous d'abord, ô coureurs héroïques,
Des côtes de Marseille au rivage normand,
Que de sites heureux, que de points historiques !
    Les avez-vous tous explorés ?
Des montagnes d'Écosse à celles d'Ibérie,
Et des bords du Jourdain au ciel bleu d'Algérie,
Le navire à vapeur et les chemins ferrés
    Vont partout vous ouvrir la lice :
De Genève à Constance, et de Palerme à Nice,
    Allez, visitez, admirez
Les arts en Italie et la nature en Suisse !

Vous voulez, je l'entends, deux bonheurs à la fois :
Parcourir, tout le jour, les vallons et les bois,
Les lacs, les noirs ravins, les montagnes dorées,

Et retrouver encor, pour vos goûts favoris,
  En de fastueuses soirées,
Les grâces, les plaisirs des salons de Paris...

— Quand les monts escarpés circonscrivent l'espace
Qui manque trop souvent aux sérieux buveurs,
On ne peut qu'à regret vous voir, brillants viveurs,
  Envahir sans pitié leur place.
Ah ! respectez du moins, malades prétendus,
Quelques sources surtout, dont les eaux salutaires
Ont pu sauver les jours par leurs seules vertus,
A qui ne rêvait plus que cyprès funéraires.

  D'un tel fait je fus attristé,
  Vers la fin du dernier été,
  En allant visiter Eaux-Bonnes,
Lieu cher aux patients qui craignent les automnes
Et viennent à ces eaux demander la santé.

  Dans son agreste et calme enceinte,

Tel vient pour recouvrer une voix presque éteinte,
Telle autre, dans les soins de la maternité,
Jeune encore, épuisée, et la poitrine atteinte,
Ne rend un peu de force à son corps languissant
Que pour la consacrer à son unique enfant;
 Et ce vieillard, à la tête blanchie,
Qu'ont affaissé les ans, les veilles, les soucis,
S'il cherche à ranimer quelques restes de vie,
C'est pour veiller encor sur son plus jeune fils.
  De cette belle fiancée,
Par l'espoir du bonheur, si l'œil est animé,
Sur son visage, hélas! la souffrance est tracée :
Elle attend cependant qu'au séjour renommé,
  Une saison soit accomplie,
  Pour s'unir à son bien-aimé...
 — Heureuse, si la mort l'oublie!

  Loin de ces paisibles vallons,
Gais voyageurs, pitié pour de pauvres malades!
Ces monts sont un rempart contre les aquilons,

Et l'écho ne devrait répéter d'autres sons
Que le chant des oiseaux et le bruit des cascades.

Or, le soir d'un long jour d'étouffante chaleur,
Alors que du soleil la lumière voilée
 N'éclairait plus, d'une ardente couleur,
 Que l'angle étroit ouvert sur la vallée...
Les arides rochers, les hêtres et les buis,
  Confondant leurs nuances sombres,
  Nous entouraient d'épaisses ombres,
  Comme au fond d'un immense puits...
— Un sublime tableau vient frapper notre vue :
Tandis que du vallon l'astre s'évanouit,
D'un rayon, qui domine obliquement la nue,
En haut du pic de Gers, l'éclat nous éblouit :
Le feu brille au sommet dont la base est obscure,
Et la neige a de l'or le reflet scintillant...
  On dirait un guerrier géant
  Revêtu de sa noire armure,
Et le front couronné d'un casque étincelant !

Bientôt la nuit s'étend et règne sans partage :
Je rentre tout pensif au somptueux village...
Mais qu'entends-je, que vois-je, à travers ces rideaux ?
Des guirlandes de fleurs décorent les panneaux ;
Un séduisant ténor enchante mon oreille ;
Et puis à la clarté des lustres, des flambeaux,
D'élégantes beautés, de leur bouche vermeille,
Lancent, à pleine voix, de mélodieux sons.

Allez, plaisants buveurs, complétez l'harmonie,
Dans la flûte et le cor dilatez vos poumons ;
Mais ne craignez-vous pas la cruelle ironie
  De vos chœurs et de vos chansons,
Qu'un instant peut changer en cantiques funèbres ?

  Puis, du silence et des ténèbres
Succède à tant d'éclat le contraste soudain ;
  Et, sans souci du lendemain,
  Tous ont regagné leur demeure.
Pourtant une malade, à ce fatal concert,

Hésitante, la première heure,
Vit à son beau talent comme un théâtre ouvert,
Et d'un moment d'oubli victime infortunée,
Se sentit tout à coup par l'exemple entraînée ;
D'un organe souffrant le téméraire effort,
L'air lourd, l'émotion avancèrent sa mort :
Ainsi, de cette voix d'une autre fin bien digne,
Le dernier chant, hélas ! devint le chant du cygne !

Avent l'aube, sans bruit, quand tout repose et dort,
Par de discrètes mains, dans l'ombre ensevelie,
On l'emporte et l'on cache aux passants son cercueil,
De peur que cet aspect, en frappant l'âme en deuil
D'un témoin maladif, n'abrége aussi sa vie.

A qui s'informe d'elle on dit : elle est partie !
Elle est partie ! — Et vous, touristes bons vivants,
De chercher d'autres lieux rien encor ne vous presse :
Comme pour défier la mort et la tristesse,
Profanes, vous restez joyeux et bien portants.

Par ces funestes épisodes,
Quelques-uns sont touchés et non pas convaincus...
— O femmes, à vous donc de vaincre un tel abus!
La Mode est un tyran, mais vous changez les modes.
Sachez vouloir : vos vœux ont toujours le dessus.
On vous suivra partout...— Oui, même aux antipodes..
On ne voudra plus être où vous ne serez plus.

L'ENFANT DE LA PROVIDENCE.

STANCES DÉDIÉES A MADAME J. C.

Hélas! quelle coupable main,
O pauvre enfant, qui n'as encore
Respiré qu'une seule aurore,
T'a jetée au bord du chemin?
Dans le mystère et le silence,
Pour abri, loin de tous les yeux,
Tu n'as que la voûte des cieux,
Pour garde que la Providence.

Autour de toi, tout est muet;
Ton lit, c'est la gerbe dorée;

Ta gentillesse n'est parée
Que du simple et riant bluet;
Sans aide, au seuil de l'existence,
Dans la brise ton cri se perd,
Et ton œil semble, à peine ouver
S'élever vers la Providence.

Oui; Dieu, de son trône éternel,
Veille sur toute la nature,
Soutient la frêle créature
Et nourrit les oiseaux du ciel...
— Qu'elle est heureuse la croyance
Qui nous montre le faible enfant,
Aussi bien que le roi puissant,
Sous l'aile de la Providence!

De la honte est-ce l'aiguillon,
L'effroi, l'excès de la misère
Qui put décider une mère
A ce déplorable abandon?
Qu'importe, enfant! ton innocence

N'est pas moins digne d'intérêt,
Quel que soit le triste secret
Que voile encor la Providence.

Le dur sillon fut le berceau
Où tu t'endormis solitaire ;
Fallait-il que la même terre
Te servît alors de tombeau,
Et qu'ainsi ta frêle existence
Fût moins durable que la fleur?
— Non : tu pourras d'un long bonheur
Rendre grâce à la Providence.

De ce bonheur gage certain,
Une jeune et sensible dame,
Avec l'élan d'une belle âme,
Saura veiller sur ton destin....
Puisse donc la reconnaissance,
Dans ton cœur graver à jamais,
Aimable enfant, tous les bienfaits
De ta seconde Providence !

NOTE.

(1) Il y a quelque temps, à Enghien-les-Bains, dans une promenade du matin qu'elle faisait en été, une jeune dame a en effet recueilli, puis adopté, une enfant nouveau-née qu'on avait abandonnée au bord d'un champ de blé.

TRADUCTION DU *STABAT MATER*.

Debout, les yeux baignés de pleurs,
La mère contemple, ô douleurs!
   La croix où son fils expire.

Son âme, en ce lugubre instant,
S'ouvre éperdue en gémissant,
   Au glaive qui la déchire.

Qu'il est triste, qu'il est navré
Auprès de son fils adoré,
   Le cœur de sa tendre mère!

Elle s'afflige, elle frémit,
Lorsque son divin fils gémit,
   Dans une douleur amère.

Qui ne pleurerait en ce lieu,
En voyant la mère de Dieu
   Endurer un tel supplice?

Quels cœurs ne seraient attendris?..
Elle consomme, avec son fils,
   Ce pénible sacrifice.

Pour les crimes du genre humain,
Elle a vu ce martyr divin
   Meurtri de verges cruelles.

Elle a vu ce fils bien-aimé,
Sans appui, tombant consumé
   Dans des angoisses mortelles.

O Marie, ô trésor d'amour,
Faites-moi sentir, en ce jour,
　　Votre souffrance et vos larmes !

De plaire à Dieu, de le chérir,
Que j'éprouve un ardent désir
　　Qui seul ait pour moi des charmes.

Sainte mère que, dans mon cœur,
Des blessures de mon Sauveur
　　Le trait pénètre et s'imprime.

Avec vous je prends sans effroi,
Ma part des maux soufferts pour moi
　　Par l'adorable victime.

Faites que je pleure avec vous :
Souffrir ainsi me sera doux !
　　Je veux y vouer ma vie.

Avec vous, au pied de la croix,
Au deuil profond où je vous vois
   Pour toujours je m'associe.

Des vierges modèle parfait,
Accordez-moi, comme un bienfait,
   Qu'avec vous ici je pleure.

Faites que j'aime avec transport
Jésus, sa passion, sa mort,
   Et que j'y pense à toute heure.

Oui, que souffrant même douleur,
J'aime, pour l'amour du Sauveur,
   A partager son supplice.

Et qu'enflammé d'ardeur pour lui
J'obtienne, ô Vierge, votre appui,
   Au grand jour de sa justice.

O sang de la croix, sois mon bien,
Donne à ma faiblesse un soutien,
A mes efforts la victoire!

Enfin, de mon corps qui mourra,
Quand mon âme s'échappera,
Qu'elle ait la céleste gloire!

TRADUCTION DU *VENI CREATOR*.

Venez, Créateur, Esprit-Saint,
En nos âmes laissez vos traces;
Remplissez d'éternelles grâces
Tout cœur qui vous aime et vous craint.

C'est vous que l'Écriture appelle
Consolateur, présent de Dieu,
Pure charité, divin feu,
Source vive, onction nouvelle.

Par vos dons sanctifiez-nous,
Vous, le doigt de la main du Père;
Des apôtres la voix austère
Devint éloquente par vous.

Éclairez de votre lumière
Nos cœurs brûlants d'un saint amour,
Et de la vertu, sans retour,
Aplanissez-nous la carrière.

Contre les plus nuisibles traits
Qu'en vous nous trouvions une égide;
Soyez vous-même notre guide,
Faites-nous goûter votre paix.

Procédant du Fils et du Père,
Saint-Esprit, pour l'éternité,
En la divine Trinité
Donnez nous une foi sincère.

Gloire au Père, au Fils, gloire à vous,
Esprit-Saint, éclairez notre âme;
Que de votre divine flamme
Un souffle descende sur nous!

A MON AMI
DUFRICHE-DESGENETTES

Qui, vers 1838, m'avait envoyé son livre : *Le Chansonnier du Marin.*

L'auteur se peint dans son ouvrage,
Loyal et modeste écrivain :
Son livre montre, à chaque page,
Noble cœur et piquant refrain.

Franc marin, ton joyeux langage
Charmerait ce rude métier;
On voudrait te suivre en voyage;
Mais lequel aimer davantage...
Du pilote ou du chansonnier?

A M. H. LEMONNIER.

IMPROMPTU.

Le noir seul sied bien au tombeau (1);
J'ai donc pu, grâce à vous, voir la lugubre fête;
Mais, en me servant du chapeau,
Que ne pouvais-je aussi prendre un peu de la tête!

A LA PENDULE DE Mme A. COCHIN.

Dans cette paisible demeure,
Devançant le moindre désir,
Puisses-tu toujours sonner l'heure
Et du bonheur et du plaisir.

NOTE.

(1) J'étais à la campagne où je n'avais que des chapeaux gris, et M. Lemonnier m'en avait prêté un noir pour une cérémonie funèbre.

A M. LE PROFESSEUR C..., AVEUGLE.

INPROMPTU.

Si les yeux de l'intelligence
Remplaçaient ceux qu'on a perdus,
Heureux aveugle, en conscience,
Vous seriez un Argus.

QUATRAIN

POUR UN ALBUM DE PORTRAITS PHOTOGRAPHIQUES

Quand le Destin, dans son funèbre livre,
Inscrit le nom de tant d'amis perdus,
Cet art magique à nos yeux fait revivre
Les traits chéris que nous ne voyons plus.

ÉNIGME.

Dans les mains de l'Amour je figure avec grâce,
Et dans ses attributs j'ai toujours une place.
Dans les cieux quelquefois, de mes vives couleurs,
J'embellis la nature, en tarissant ses pleurs.

ENIGME

Sans être rose,
L'on me dit la reine des fleurs;
Comme elle, à peine suis-je éclose.
Que je m'épanouis et meurs,
Sans être rose.

CHARADE.

Mon premier n'est pas plus sage
Que n'est riche mon second ;
Le cheval d'un attelage,
S'il est mon entier, je gage,
Un beau jour peut, d'un seul bond,
Renverser tout l'équipage.

TABLE DES MATIÈRES

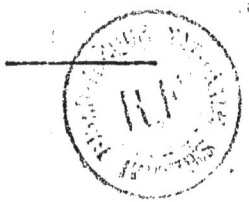

Notice biographique................................. 1

ÉPITRES ET SATIRES.

Les nourrices sur lieux............................ 9
Epître à quelques antiquaires...................... 23
Nouvelle épître à quelques antiquaires 32
Les artistes italiens, au Moyen Age 40
Les précepteurs ecclésiastiques.................... 50
Epître à la Vérité................................. 59
Epître à P.-F. Mathieu............................. 69
Le martyre, épître aux dames....................... 82
Epître aux esprits forts........................... 91
Epître aux sœurs de charité........................ 94

APOLOGUES ET CHANSONS.

Les deux points de vue........................... 106
La vigne, apologue.............................. 109
La jeune femme et les abeilles.................... 112
Le jour de l'an................................. 115
Le boiteux..................................... 118
L'olympe endolori............................... 121
On chante à tout âge............................ 126
Les rêves...................................... 130
La cinquantaine................................ 133
Les déguisements............................... 136
Illusion et réalité............................... 140
La femme comme je la veux...................... 143
Couplets de famille, dédiés à Mme v^e Landon-Vernon, 145
Cadet Buteux à Londres......................... 148
Les oreilles.................................... 154
Le train de plaisir.............................. 157
Le retour du 17me léger, en 1841................. 165

MÉLANGES.

Les deux compères.............................. 171
L'aveugle...................................... 176

TABLE DES MATIÈRES.

Pauvre ouvrière...	178
Les modernes antiquités................................	181
A-propos destiné au banquet de Valognes...........	185
Souvenir du congrès de Limoges	188
La retraite illuminée d'Auxerre en 1858.............	193
Strophes au maréchal Bosquet.........................	200
A-propos destiné aux fêtes d'Anvers.................	203
Egérie..	205
Le berger romantique et la bergère au naturel.....	210
Une noce à Paris, en 1816...............................	213
Souvenir d'Etretat..	225
Les Eaux-bonnes..	230
L'enfant de la Providence...............................	245
Traduction du *Stabat Mater*...........................	249
Traduction du *Veni Creator*............................	254
A M. Dafriche-Desgenettes............................	256
A M. H. Lemonnier......................................	257
A la pendule de Mme A. Cochin...................	257
A M. le professeur G., aveugle ; impromptu........	258
Quatrain pour un album de portraits photographiques.	258
Deux énigmes...	259
Charade...	260

Paris. — Typ. A. PARENT, rue Monsieur-le-Prince, 31.

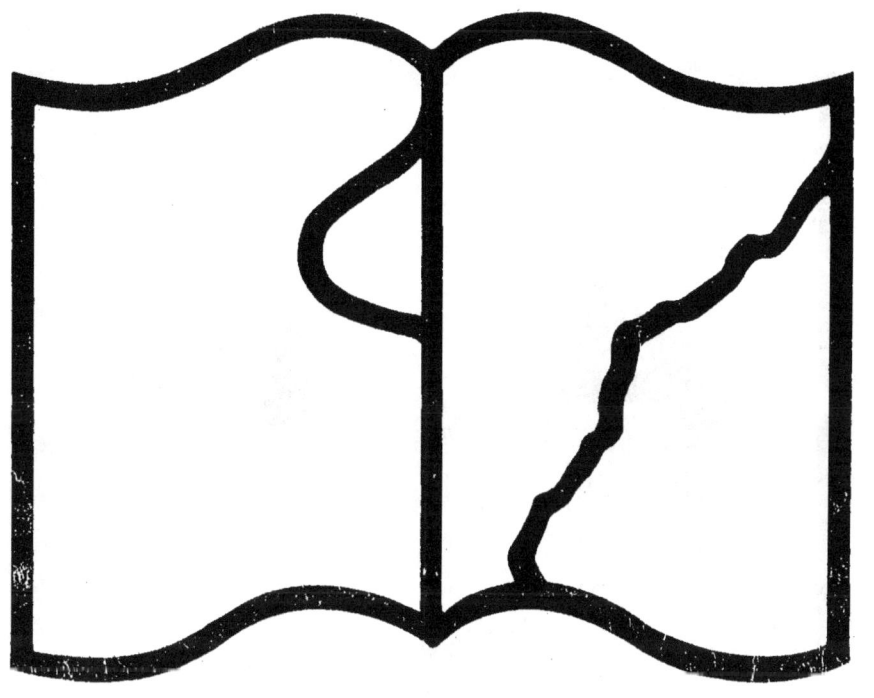

Texte détérioré — reliure défectueuse

NF Z 43-120-11

Contraste insuffisant

NF Z 43-120-14

www.ingramcontent.com/pod-product-compliance
Lightning Source LLC
Chambersburg PA
CBHW050334170426
43200CB00009BA/1596